KB220703

예수 그리스도의 피

사실 · 구원 · 능력

The Blood of Jesus Christ

예수 그리스도의 피

사실 · 구원 · 능력

홍 성 철 John Sungchul Hong

도서출판 세 복

세계복음화문제연구소
(The World Evangelization Research Center)는
한국 교회가 세계 복음화를 위하여
한 모퉁이를 담당해야 한다는 사명으로 사역하고 있습니다.

이 도서에 실린 모든 내용은
세계복음화문제연구소의 **도서출판 세 복**이 출판권자이므로,
학문적 논문의 인용을 제외하고는
본 연구소의 동의 없이 무단 복제할 수 없습니다.

예수 그리스도의 피
The Blood of Jesus Christ

지 은 이   홍 성 철
발 행 인   홍 성 철
초판 1쇄   2023년 2월 28일

발 행 처   **도서출판 세 복**
주   소   경기도 파주시 문발로 123
전   화   070-4069-5562
홈페이지   http://www.saebok.kr
E-mail   werchelper@daum.net
등록번호   제1-1800호 (1994년 10월 29일)

총 판 처   솔라피데출판유통
전   화   031-992-8691
팩   스   031-955-4433

ISBN 978-89-6334-038-8 03230
값 10,000원

The Blood of Jesus Christ

John Sungchul Hong

Published in Korea
Copyright© 2023 Saebok Publishing House
All rights reserved.
Seoul, KOREA

contents

추천사   9

시작하며   13

1부 … 피   19

  1. 세 번 흘린 피   21

  2. 세 번의 직접적 예고   33

  3. 세 번의 간접적 증언   41

  4. 세 번의 단계   53

  5. 세 가지 의미   63

2부 … 피를 통한 구원   73

  6. 해방   75

  7. 속량   85

  8. '의롭다 하신'   95

  9. 화목제물   105

  10. 화목   115

3부 … 피의 능력   125

11. 대면   127
12. 거룩   135
13. 섬김   145
14. 이김   153
15. 천국   163

마치며   173

참고 도서   179

부록 - 두 강도   181

홍성철 박사님을 내가 개인적으로 알게 된 지도 50여 년이 넘었다. 그동안 그가 복음을 전하는 집회에 참여한 것만도 셀 수 없을 만큼 많다. 대학생들을 위한 전도 집회로부터 시작하여 군인 전도 및 개인 전도를 통해 죄를 회개하고 주님을 개인의 구세주로 영접하게 하는 것을 보았다.

그는 미국 켄터기주에 소재한 애즈베리신학교Asbury Theological Seminary에서 신학을 공부했는데, 세계적인 전도학 대가大家이며 그의 스승인 로버트 콜만Robert Coleman 박사는 홍성철을 자신이 가르친 학생 중에 가장 훌륭한 제자라고 공개적으로 칭찬하는 것을 들은 적도 있다.

본서는 그가 가장 사랑하면서 늘 전했던 복음의 연장 선상에 속한 글들이다. 그는 예수 그리스도의 피가 어떻게 불신자들을 구원하고 변화시켜서 하나님의 사람들로 만드는가를 소상하게 펼쳐나갔다. 주님께서 인류를 위해 십자가에 돌아가시는 과정 중에 세 번에 걸쳐서 흘리신 주님의 피를 첫 번째 단원의 첫 장에서 다루었다. 그렇게 시작해서 총 세 단원으로 나누어서 단원마다 다섯 가지 주제로 엮어 가며 영혼들이 어떻게 구원을 받고 주님의 자녀로서 성장해 가는가를 다루었다.

이들 가운데 어떤 한 본문만을 택해서도 구원의 메시지를 구성해서 구원에 관해 충분히 제시할 수 있을 것이다. 하지만 영혼들이 구원을 받는데 그리스도의 피가 어떤 역할을 했는지 하나하나 단계마다 근거가 되는 성경 말씀을 통해서 구체적으로 입증했다. 그렇게 첫 단원부터 셋째 단원까지 이어가며 무려 15장에 걸쳐서 구원과 연관된 주님의 피가 영혼들의 구원을 위해 어떤 역할을 했는가를 소상히 밝혀 주었다. 그것을 조금 더 구체적으로 나누어본다면 다음과 같다.

첫째, 저자인 홍성철 박사는 우리가 구원을 받기 위해 하나님과 그 아들 예수 그리스도와 성령 하나님께서 어떻게 그 단계 단계가 이뤄질 때마다 협력해서 역사하셨는가를 제시했다. 특히 삼위 가운데서 이위(二位)이신 예수 그리스도의 구속적 죽음을 극대화한 것은 그야말로 하나님의 마음에 합한 선택이라고 여겨졌다.

둘째, 구원에 관한 하나님의 말씀 하나하나가 고립된 채로 존재하지 않고 많은 장·절과 어떻게 연결되어 있는지 보여준다.

아울러 신구약의 많은 말씀이 영혼들의 구원을 위해 어떻게 그 역할을 감당했는지도 보여준다. 마치 노련한 감독이 선수마다 각자의 역할을 성공적으로 이행하여 시합에서 이기게 하듯, 영혼의 구원을 위한 팀워크를 마음껏 보여주었다. 성령님이 저자와 동행하면서 도우시지 않았다면, 어떻게 예수 그리스도의 피를 그렇게 통합적으로 제시할 수 있었겠는가?

셋째, 이 저서는 우리에게 경각심마저 일으키게 한다. 한때 영혼들의 구원을 위해 얼마나 안타깝게 성도들이 마음을 합하여 기도하면서 예수 그리스도의 복음을 전했던가? 이미 구약을 통해 예언된 여러 영적 모형들이 성취되어, 마침내 주님께서 겟세마네 동산에서 영혼들의 구원을 위해 피를 흘리며 죽으셨다.

그런데 언젠가부터 우리는 영혼 구원에 대해 너무 쉽고 간단하게 생각하고 있는 것 같다. 과거 영국에 살던 청교도들은 영혼들의 구원을 위해서 얼마나 열심히 기도하며 하나님께 울부짖었는지 모른다. 그들 가운데는 존 웨슬리도 있었는데, 그는 정말로 영혼 구원을 위해 기도하며 전한 결과 그렇게 많은 사람이 예수 그리스도의 피로 죄 사함을 얻었다. 그것과 대비하여 근대복음주의 부흥 운동이 일어난 후에는 대형 전도대회를 통해 너무 쉽게 영혼들이 구원을 받을 수 있다고 가볍게 생각하는 것 같다.

홍성철 박사님의 이 저서를 통해 영혼들의 구원을 위해 주님께서 십자가에서 흘리신 피를 깊이 깨닫는 기회가 되기를 기원

한다. 그뿐 아니라, 삼위의 하나님께서 얼마나 간절히 그 피를
통해 영혼들의 구원을 원하시는지 깨닫는 계기가 되기를 간절
히 기원한다. 그런 기원을 담아서 이 저서를 적극적으로 추천
하는 바이다.

이태웅 목사
선교학 박사
한국해외선교회 글로벌 리더십 원장

하나님의 말씀인 성경이 '피로 쓰인 책'이라고 묘사한 학자가 있다. 그 묘사는 상당히 깊은 통찰력으로 성경 전체를 꿰뚫어 보지 않으면 나올 수 없는 표현이다. 실제로 '피'라는 단어는 구약성경에서 자그마치 362번이나 나온다. 크기가 구약성경의 1/3도 채 안 되는 신약성경에서도 '피'는 98번이나 나온다. 그 가운데 예수 그리스도와 연관된 '피'도 56번이나 나오는데, 피가 그만큼 중요하기 때문이다.

'피'는 구약성경의 주인공인 이스라엘 백성에게 말할 수 없이 중요했다. 그들이 하나님과 올바른 관계를 유지하기 위해 끊임없이 피를 의지하지 않으면 안 되었다. 그들은 매일 아침저녁으로 상번제를 드리면서 피를 의지했다. 그들은 중요한 절기도 피 없이는 지킬 수 없었다. 그뿐 아니라, 헌신할 때는 물론 범죄할 때도 피를 의지했다. 그들의 일상생활과 신앙생활에서 피 없이는 전혀 가능하지 않았다는 말이다.

신약성경의 주인공인 교회에서도 역시 '피'는 말할 수 없이 중요한데, 어떤 면에서 이스라엘 백성에 비해서 훨씬 더 중요하다. 그 '피'가 없으면 애초부터 교회가 탄생하지도 못했기 때문이다. 두말할 필요도 없이 교회를 탄생시킨 것은 예수 그리스도의 '피'였다. 그분이 십자가에서 피를 흘리며 죽지 않으셨다면, 결코 교회는 이 지구상에 존재하지 않았을 것이다. 바울 사도의 증언이다: "하나님이 자기 피로 사신 교회!" (행 20:28b).

두말할 필요도 없이 교회를 일구고 있는 구성원은 예수 그리스도의 피로 죄를 용서받은 사람들, 곧 성도들이다. 그들은 온갖 죄와 악으로 연루되어 있었던 죄인들이었는데, 그 피로 모든 죄악이 씻겨져서 하나님의 백성이 되었다. 하나님의 백성이 된 그들은 그들을 구원해주신 하나님 아버지와 예수 그리스도께 찬양과 예배를 드리기 위하여 모였는데, 그렇게 모인 곳이 바로 교회이다. 그러니까 예수 그리스도의 피는 개인의 구원과 교회 탄생의 매개이다.

필자는 죄에 코가 꿰어 끌려다니다가 25세 때 그분의 피로 죄를 용서받았다. 그 피의 능력을 경험한 필자는 기회가 있을 적마다 예수 그리스도의 피를 전했는데, 그 피만이 죄인들을 구원하기 때문이었다. 그리고 그 피를 개인적으로나 군중에게 전할 때 죄인들이 변화되는 역사를 목격하였다. 마침내 주님은 필자를 부르시면서 전적으로 그분의 피를 전하라고 하셨다. 필자는 장소와 때를 가리지 않고 그분의 피를 전하면서 그 능력을 실감했다.

필자는 초지일관 십자가에서 피를 흘리며 죽으신 예수 그리스도를 전하고자 하는 "사명 곧 하나님의 은혜의 복음을 증언하는 일을 마치려고" 모든 것을 걸었다고 해도 지나치지 않을 것이다 (행 20:24). 그러던 중 그처럼 중요한 예수 그리스도의 피에 대해 저술해야 한다는 강한 충동을 받았는데, 그때는 쟌스크릭 한인교회에서 '보혈의 능력'을 전한 후였다. 성도들이 은혜의 도가니에 흠뻑 빠지는 것을 보면서 생긴 충동이었다.

그렇게 오랫동안 전한 '피'에 대해 저술하려니, 필자가 피에 대해 별로 아는 것이 없다는 사실을 인지하게 되었다. 그때부터 기도하며 연구하기 시작했는데, 주님의 은혜로 많은 것을 깨닫게 되었다. 주님은 서서히 그러나 분명히 한 단계씩 인도하셨다. 그렇게 해서 3부로 구성된 책을 저술하게 되었는데, 각 부마다 5장이 되었다. 제1부에서는 '피' 자체를, 제2부에서는 '피를 통한 구원'을, 그리고 제3부에서는 '피의 능력'을, 각각 제시했다.

필자에게 특히 '피'에 대해 큰 가르침을 주었던 신앙의 선배인 이태웅 박사에게 고마운 마음을 전하고 싶다. 그는 필자가 예수 그리스도의 피를 전할 때 큰 도움을 주었을 뿐 아니라, 많은 경우 함께 전국 각지를 다니며 동역한 분이었다. 그 후 한국의 많은 선교사를 훈련한, 그래서 현대 한국 선교에 대부와 같은 분이었다. 그가 조금도 주저하지 않고 이 저서를 읽고 추천서를 보내주었다. 이태웅 박사에게 깊이 감사한다.

마지막으로, 필자를 포함한 죄인들의 구원을 영원 전부터 설계하신 하나님 아버지께 감사하지 않을 수 없다. 그분은 그 설계를 이루기 위해 하나밖에 없는 아들 예수 그리스도로 십자가에서 그처럼 처참하게 죽게 하셨다. "피흘림이 없은즉 사함이 없느니라"(히 9:22)는 성경 말씀 때문이다! 그뿐 아니라 죄인들로 죄와 심판을 일깨워주도록 성령을 보내주셨다. 그들로 십자가 앞으로 나아와서 회개하고 믿어 구원받도록 역사하시는 성령을! 삼위一體의 하나님께 감사하고 또 감사한다!

1. 세 번 흘린 피
2. 세 번의 직접적 예고
3. 세 번의 간접적 증언
4. 세 번의 단계
5. 세 가지 의미

1부

피

1
세 번 흘린 피

"땀이 땅에 떨어지는 *핏방울* 같이 되더라"

1) 들어가면서

예수 그리스도가 십자가에서 피를 흘리면서 죽지 않으셨다면, 인간의 모습과 역사는 말할 수 없이 암울했을 것이다. 그 이유는 너무나 분명하다! 인간은 죄의 굴레에서 벗어나지 못할 뿐 아니라, 죽음과 심판이라는 결산을 피할 수 없기 때문이다. 그런 인간의 한계로부터 해방하기 위해 예수 그리스도는 십자가에서 피를 흘리셨다. 그분은 머리끝에서 발끝까지 피로 범벅이되어 비참한 그러나 가장 의미 있는 죽음을 맛보셨다.

그러니까 예수 그리스도의 피는 단순히 죽음만을 가리키지 않는다. 그분의 피는 인간의 죽음과 심판을 대신 떠맡은 죄의 값이었다. 그 핏값으로 죄인sinner이 성도saint로 탈바꿈하는 것이다.

그분은 그렇게 값진 목적을 위해 피를 흘리셨는데, 십자가에서만이 아니다. 두 곳이 더 있는데, 곧 겟세마네 동산과 기둥에 묶여서였다. 그렇게 세 번 흘린 피가 죄인을 구원하는 놀라운 능력이 되었던 것이다.

2) 겟세마네에서

예수 그리스도는 십자가에서 죽기 전날 밤 겟세마네 동산에서 대략 3시간 머무셨는데, 9시부터였다. 그 3시간은 필설로 표현할 수 없는 '고민과 슬픔'의 시간이었다 (마 26:37). 그분은 그런 당신의 마음을 세 명의 제자들, 곧 베드로와 요한과 야고보에게 있는 그대로 표현하셨다. "내 마음이 매우 고민하여 죽게 되었으니, 너희는 여기 머물러 나와 함께 깨어 있으라" (마 26:38). 그 고민이 얼마나 큰지 죽을 지경이었다는 것이다.

그 고민은 인간의 한계를 넘는, 그래서 혼자 감당하기가 쉽지 않은 것이었다. 그 고민을 극대화라도 하듯, 누가는 다른 복음서에 없는 세 가지 사실을 첨가했다. "천사가 하늘로부터 예수께 나타나 힘을 더하더라. 예수께서 힘쓰고 애써 더욱 간절히 기도하시니, 땀이 땅에 떨어지는 핏방울 같이 되더라" (눅 22:43-44). 첫째는 천사가 나타나서 예수님께 힘을 더해주었다. 인간적으로 감내하기 어려운 그 위기의 순간을 이겨낼 수 있게 하기 위함이었다.

둘째, 예수님은 '힘쓰고 애써 더욱 간절히 기도하셨다.' 이 기도는 자신의 형, 에서를 두려워하여 밤이 맞도록 기도한 야곱의 기도보다 훨씬 심각한 기도였는데, 그 이유는 인류의 구원이 달려있기 때문이었다. 물론 그분의 기도는 응답받았는데, 히브리서 저자는 그 응답을 이렇게 설명했다. "그는 육체에 계실 때에 자기를 죽음에서 능히 구원하실 이에게 심한 통곡과 눈물로 간구와 소원을 올렸고, 그의 경건하심으로 말미암아 들으심을 얻었느니라" (히 5:7).

셋째, '땀이 땅에 떨어지는 *핏방울* 같이 되더라'이다. 이 핏방울은 예수 그리스도가 인간의 죗값으로 흘린 첫 번째 피였다. 그분의 '마음이 매우 고민하여 죽게 된' 고뇌로 인해 몸에서 솟아나는 핏방울이었다. 두말할 필요도 없이 잠시 후에 십자가에 못 박히는 처형을 생각하면서 죽을 지경까지 된 고민의 표현이었다. 유대인들은 슬픔의 표시로서 옷을 찢었지만, 그분은 마음을 갈기갈기 찢으셨다. 그렇지 않다면 어떻게 그분의 몸에서 핏방울이 솟아날 수 있었겠는가?

그뿐 아니라 그 핏방울은 "세상 죄를 지고 도살장으로 끌려가는 어린 양"의 모습을 상기시킨다. 죄를 지은 적이 없을 뿐 아니라, 죄와 전혀 관계도 없는 예수 그리스도가 온 세상의 죄가 되어 솟아나는 핏방울이었다. 그런 의미에서 그 핏방울은 골고다의 십자가에서 몸이 피투성이가 된 처형보다 더 처절했다고 해도 지나친 말이 아닐 것이다. 어떻게 겟세마네에서 흘린 핏방울이 골고다에 쏟아낸 피보다 더 처절했다고 할 수 있는가?

겟세마네에서 흘린 핏방울은 고민으로 인해 안에서 솟구친 피였으나, 골고다에서 흘린 피는 밖에서 상처를 통해 강제로 흘리게 한 피였다. 겟세마네에서는 어떤 인간이 손을 대지 않았는데도 속에서 솟아나는 피였다. 그러니까 예수 그리스도가 스스로 흘린 피로, 하나님 아버지께 직접 올린 것이었다. 그 핏방울은 하나님께 그분의 마음을 바친 영혼의 *제물*이었다. 그러나 골고다의 피는 인간에 의해 강제로 흘려진 육체의 *제물*이었다.

다시 말해서, 골고다에서 흘린 피는 예수 그리스도가 사람들에게 자신을 내어주신 것이었다. 그분은 사람들의 구원을 위해 그렇게 자신을 내어주셨다. 그런데, 당신의 몸과 피를 사람들에게 내어주시기 전에 먼저 하나님께 드렸던 것이다. 하나님이 그 피를 받지 않으셨다면, 그분이 십자가에서 흘린 피도 사람들의 죄와 심판을 해결하지 못했을 것이다. 그러니까 골고다에서 흘리신 그분의 피는 겟세마네에서 흘리신 피의 연장이라고 할 수 있을 것이다.

3) 기둥에 묶여서

예수 그리스도가 겟세마네 동산에서 핏방울을 흘리며 처절한 기도를 마치셨을 때, 유대교 지도자들이 보낸 "군대와 천부장과 유대인의 아랫사람들에 의하여 결박당했다" (요 18:12). 그들은 밤중에 소집할 수 없는 공회를 소집하여 사형을 결의했다. 그러나 사형집행권이 없는 그들은 유대의 총독인 빌라도에게 십자가의 처형을 요구했고, 마침내 그 요구를 관철했다. 로마의 법대로 군인들은 그분을 십자가에서 처형하기 전에 채찍으로 때렸다.

마태는 그의 복음서에서 그 채찍질을 담담하게 묘사했다. "예수는 채찍질하고 십자가에 못 박히게 넘겨 주니라"(마 27:26). 그렇다! 로마 사람들은 십자가에 못 박아 죽일 죄인을 먼저 심하게 채찍질하면서 말할 수 없는 고통을 안겨준다. 그들의 눈에 그렇게 죽을 죄인은 더는 살아 있는 사람으로 간주하지 않기 때문이었다. 그들은 이미 죽어버린 사체를 다루듯, 원하는 대로 행동하고 말했다.

그렇지 않다면 그들은 그분의 얼굴에 침을 뱉으며 주먹질을 하지 않았을 것이다. 더군다나 그분의 손에 갈대를 주었다가 빼앗아서 그것으로 때리지도 않았을 것이다. 그들은 그분의 옷을 벗겼다가 다시 입히지도 않았을 것이다. 그뿐 아니라, 그분의 앞에 무릎을 꿇고 희롱하지도 않았을 것이다. 그들은 "유대인의 왕이여! 평안할지어다!"라고 놀리지도 않았을 것이다 (마 27:28-30). 십자가에 못 박혀 죽을 그분은 이미 죽은 자처럼 취급되었다.

유대인들에게도 채찍질 형벌이 있었는데, 그 내용을 인용해 보자. "악인에게 태형이 합당하면 재판장은 그를 엎드리게 하고 그 앞에서 그의 죄에 따라 수를 맞추어 때리게 하라. 사십까지는 때리려니와 그것을 넘기지는 못할지니 만일 그것을 넘겨 매를 지나치게 때리면 네가 네 형제를 경히 여기는 것이 될까 하노라"(신 25:2-3). 세월이 지나면서 사십까지 맞으면 죽을 수도 있기에 서른아홉 번으로 한정시켰다.

바울 사도도 그렇게 매 맞은 간증을 했다. "유대인들에게 사십에서 하나 감한 매를 다섯 번 맞았으며"(고후 11:24). 유대인들의 채찍은 소가죽으로 만들었는데, 그 가죽 채찍으로 악인의 가슴에 삼분의 일인 13대를 때리고, 나머지 삼분의 이인 26대는 등을 때렸다. 그런데 예수 그리스도를 때린 로마의 채찍은 달랐다. 그 채찍에는 가지가 세 개 또는 다섯 개가 달려있었는데, 가지마다 바늘 같은 뼈나 납덩어리가 붙어있었다.

그런 로마의 채찍으로 예수님은 인정사정없이 맞았다. 짧은 밧줄로 두 손목을 묶고, 그 밧줄을 기둥 밑에 묶었다. 그 밧줄이 짧기에 그분은 엎드릴 수밖에 없었는데, 옷이 벗겨진 그분의 등을 병정들은 채찍으로 내리쳤다. 등에서 피가 튀었으며, 가슴에는 납이 박혔다가 나오면서 살점이 뚝뚝 떨어지면서 피가 쏟아졌다. 그분의 모습은 이사야가 예언한 대로였다. "그는 멸시를 받아 사람들에게 버림받았으며, 간고를 많이 겪었으며, 질고를 아는 자라"(사 53:3).

그것만으로 만족하지 않은 군인들은 그분의 머리에 가시관을 씌우므로 머리에서도 피가 솟게 했다. 물론 그분이 유대인의 왕이라고 조롱과 고난을 더하려고 한 짓이었다. 그런데 가시나무는 아담과 하와가 범죄하므로 저주받은 땅에서 생긴 나무였다. "땅은 너로 말미암아 저주를 받고 너는 네 평생에 수고하여야 그 소산을 먹으리라. 땅이 네게 *가시덤불*과 엉겅퀴를 낼 것이라" (창 3:17-18).

아담과 하와는 에덴동산에서 쫓겨나서 땀을 흘리며 저주받은 삶을 영위했는데, 가시덤불까지 그들을 괴롭혔다. 그러니까 가시나무는 저주의 상징이었다. 그렇게 저주의 상징인 가시관을 쓰고 피를 흘리신 예수 그리스도는 문자 그대로 저주받은 분이었다. 사람들을 저주로부터 해방하시기 위해 가시관을 쓰시고 그 머리에서 피를 흘리셨다. 바울 사도가 해석한 대로 말이다. "우리를 위하여 저주를 받은 바 되사 율법의 저주에서 우리를 속량하셨으니…" (갈 3:13).

예수 그리스도가 겟세마네에서 흘린 핏방울은 어떤 외부의 채찍질도 없는 자유의 몸에서 나온 것이었다. 그러나 관정官庭의 기둥에 묶여서 채찍에 맞으면서 몸이 피투성이가 된 것은 자유의 몸이 아니라, 결박된 몸이었다. 그렇게 흘리신 피는 그분이 흘린 두 번째 피였다. 그 피는 겟세마네에서 흘린 피와 골고다에서 흘린 피를 연결하는 피였다. 결국, 그렇게 세 번 흘린 피는 모두 목적이 같았는데, 곧 전 인류의 죄를 용서하기 위한 죗값이었다.

4) 골고다에서

채찍을 맞아 몸 전체가 피투성이가 된 채로 예수 그리스도는 십자가를 짊어지고 처형의 장소로 끌려가시기 시작했다. 그 처형의 장소는 골고다라고도 불리며 라틴어로는 갈보리라고도 불리는데, 그 뜻은 해골이다. 사도 요한의 설명을 인용해보자. "예수께서 자기의 십자가를 지시고 해골(히브리 말로 골고다)이라 하는 곳에 나가시니, 그들이 거기서 예수를 십자가에 못 박을새 다른 두 사람도 그와 함께 좌우편에 못 박으니 예수는 가운데 있더라" (요 19:17-18).

그분이 채찍에 맞은 관정에서 골고다까지 800m밖에 되지 않는 짧은 거리를 라틴어로 *비아 돌로로사*^{Via Dolorosa}라 하는데, 그 뜻은 '고통의 길' 또는 '슬픔의 길'이다. 왜 그렇게 불리는가? 두말할 필요도 없이 죽음으로 내몰리는 길이기 때문이다. 그뿐 아니라, 길이가 3m나 되는 무거운 십자가를 지고 가니 고통의 길이 아닐 수 없다. 밤새도록 재판을 받느라고 잠도 자지 못하고, 그토록 처절하게 채찍질을 당했으니 얼마나 고통스러운 걸음이었겠는가?

예수 그리스도는 그 길에서 몇 번이고 쓰러지셨다. 혹자는 그분의 어깨도 십자가에 짓눌려 터져서 피가 흘렀다고 한다. 그 길이 고통스러운 다른 이유는 로마 군인들이 툭하면 채찍질하면서 조롱했을 뿐 아니라, 그 길에 몰려든 군중의 야유 때문이었다. 그때가 마침 유월절이라 많은 유대인이 예루살렘에 운집했기에 그들의 야유와 비난은 엄청났다. 그분이 '그 십자가에 세상 죄를 짊어진 어린 양'이라는 놀라운 사실도 모르면서 말이다.

더군다나 그 길에 돌을 깔아놓았으니, 쓰러질 적마다 충격도 만만치 않았을 것이다. 예수 그리스도는 그렇게 짧은 길이지만 고통의 길을 지나가시는데 자그마치 한 시간 반이나 걸렸다. 마침내 골고다에 이르자 로마 군인들은 십자가에 대고 그분의 양쪽 손목과 양발에 못을 쳤다. 그 네 곳에서 피가 흘러나왔는데, 그 아픔은 직접 당하지 않은 사람은 결단코 이해할 수 없는 아픔이었다. 그리고 그들은 예수님을 매달은 채 십자가를 세웠다.

피로 물든 몸을 보여주기라도 하듯, 군인들은 그분에게서 옷을 벗겼다. 사도 요한의 묘사를 직접 인용해보자. "군인들이 예수를 십자가에 못 박고, 그의 옷을 취하여 네 깃에 나눠 각각 한 깃씩 얻고, 속옷도 취하니 이 속옷은 호지 아니하고 위에서부터 통으로 짠 것이라" (요 19:23). 유대인들의 전통적인 복장은 겉옷과 속옷인데, 그 둘을 벗기면 완전히 발가벗은 몸이 된다. 두말할 필요도 없이 죽은 자와 같은 사람을 치욕 거리로 삼기 위함이었다.

첫 아담이 범죄한 후 발가벗은 사실에 대해 두려워했는데, 하나님의 심판 때문이었다 (창 3:10). 마지막 아담이신 예수 그리스도는 인류의 죄를 짊어지고 십자가에 달리셨기에 역시 하나님으로부터 심판을 받으셨다. 그렇지 않다면 첫 아담처럼 그렇게 발가벗기지 않았을 것이다. 하나님의 심판은 첫 아담과 마지막 아담에게 똑같이 시행되었다. 그뿐 아니라, 아담의 후손인 인간이 하나님 앞에 나오면 아무것도 숨길 수 없게 된다. 마치 발가벗은 것처럼 말이다.

그러나 마지막 아담이신 예수 그리스도 앞으로 나아올 때 인간은 발가벗은 수치로부터 해방된다. 왜냐하면 '예수 그리스도로 옷 입기' 때문이다 (롬 13:14). 선지자 이사야도 그분의 옷을 입어 부끄러움을 면하게 되었다는 사실을 예언했다. "…내 영혼이 나의 하나님으로 말미암아 즐거워하리니, 이는 그가 구원의 옷을 내게 입히시며 공의의 겉옷을 내게 더하심이 신랑이 사모를 쓰며 신부가 자기 보석으로 단장함 같게 하셨음이라" (사 61:10).

그분이 십자가에서 피를 쏟으며 수치의 죽임을 당하시므로 죄인이 구원받을 수 있게 되었다. 십자가는 가장 흉악한 죄인이 처형되는 곳이기에 수치스럽다. 그뿐 아니라, 그분은 강도들 사이에서 강도처럼 죽으셨다. 거기다가 발가벗은 몸을 모든 사람 앞에 드러내고 죽으셨다. 마지막으로 유월절에 죽으심으로 유대인의 율법에 의해서도 정죄되었다 (신 21:23). 그분이 십자가에서 그처럼 피를 흘리며 수치스럽게 죽으심으로 전 인류에게는 구원의 길이 활짝 열린 것이다.

5) 나오면서

　예수 그리스도는 세 번씩이나 그렇게 처절하게 피를 흘리면서 죽음을 맞이했다. 그 이유는 인간의 죄와 심판이 그만큼 확실하고 무섭다는 사실을 말해준다. 머리끝에서부터 발끝까지 죄로 똘똘 뭉쳐진 인간은 죽음을 향해 그리고 심판을 향해 한 걸음씩 옮겨간다. 그처럼 한계 있는 인간을 하나님은 너무나 사랑하신 나머지, 당신의 외아들을 인간이 받을 죽음과 심판을 대신해서 머리끝에서부터 발끝까지 피투성이가 되어 죽게 하셨다. 인간이 죄로부터 해방되어 변화된 삶을 영위하라고 말이다.

2
세 번의 직접적 예고

"많은 사람을 위하여 흘리는 바 나의 피 곧 언약의 피니라"

1) 들어가면서

　하나님이 인간을 창조하신 목적은 친밀한 교제를 나누시기 위해서였다. 그러나 첫 인간 아담의 불순종으로 그 교제가 깨졌다. 그렇지만 하나님의 근본적인 목적은 변함이 없었다. 그래서 하나님은 그 교제의 회복을 위해 말씀으로 끊임없이 예언하셨고, 여러 가지의 모형type으로 미리 보여주셨다. 그 예언과 모형의 성취로 이 세상에 오신 분이 바로 하나님의 아들이신 예수 그리스도였다. 그러니까 그분은 하나님의 뜻을 이행하려고 세상에 오신 것이다.

　그분은 친히 이렇게 말씀하셨다. "하나님이여, 보시옵소서! 두루마리 책에 나를 가리켜 기록된 것과 같이 하나님의 뜻을 행하러 왔나이다" (히 10:7). 그렇다! 하나님의 뜻은 예수 그리스도가 십자가에서 피를 흘리며 죽는 것이었다. 그것을 잘 아시는 예수 그리스도는 당신이 그렇게 죽어야 할 사실을 세 번씩이나 적극적으로 예고預告하셨다. 한 번은 베드로의 신앙고백 후였고, 또 한 번은 만찬을 하시면서였고, 또 한 번은 5천 명에게 떡과 물고기를 주신 후였다.

2) 베드로의 신앙고백 후

베드로의 신앙고백이 나오기 전에도 예수 그리스도는 당신의 죽음을 간접적으로 시사하신 적이 세 번 있었다. 헐린 성전을 사흘 동안에 일으키겠다고 하면서 자신을 가리키셨고 (요 2:19, 21), 모세가 뱀을 들어 올린 것처럼 인자도 들려야 한다고 하셨으며 (요 3:14), 요나처럼 사흘 동안 땅속에 있겠다고도 하셨다 (마 12:40, 16:4). 그러나 베드로의 신앙고백이 나온 후부터 그분은 본격적으로 그리고 구체적으로 당신의 죽음을 말씀하시기 시작했다.

그분의 말씀을 직접 인용해보자. "이때로부터 예수 그리스도께서 자기가 예루살렘에 올라가 장로들과 대제사장들과 서기관들에게 많은 고난을 받고 죽임을 당하고 제삼일에 살아나야 할 것을 제자들에게 비로소 나타내시니" (마 16:21). 물론 이 예고의 말씀에는 피라는 표현이 없지만, '죽임을 당하고'에서 충분히 피를 흘리며 죽을 사실이 함축되어 있다. 그러면 왜 그분은 베드로의 신앙고백이 나온 후에야 죽음을 예고하셨는가?

가장 중요한 이유는 제자들이 주님의 죽음을 이해하고, 받아드릴 수 있는 준비가 되었기 때문이다. 그들이 예수 그리스도를 따른 근본적인 목적은 인간적이며 정치적이었다. 그렇지 않다면 그들이 주님의 좌우편에 자리하기를 원하지 않았을 것이다 (마 20:21, 24). 그들은 주님을 신명기에서 예언한 모세와 같은 선지자로 여기면서 (신 18:15), 그분이 로마제국을 뒤엎은 후, 통치자가 될 것을 기대하고 있었던 것 같다.

그러나 그들의 목전에서 일으키신 수많은 기적과 인간의 지혜를 뛰어넘는 가르침은 마침내 그들로 그분이 메시야요 하나님의 아들이라고 받아들이게 하였다. 특히 그분이 파도를 헤치며 물 위를 걸어오신 기적은 그들의 생각을 바꾸어 놓았는데, 그들의 반응이다. "배에 있는 사람들이 예수께 절하며 이르되, '진실로 하나님의 아들이로소이다' 하더라" (마 14:33). 마침내 베드로는 "주는 그리스도시요, 살아 계신 하나님의 아들이시니이다" 라고 고백했다 (마 16:16).

그때부터 예수 그리스도는 당신의 죽음을 구체적으로 예고하시기 시작했다. "보라 우리가 예루살렘으로 올라가노니, 인자가 대제사장들과 서기관들에게 넘겨지매 그들이 죽이기로 결의하고, 이방인들에게 넘겨 주어 그를 조롱하며 채찍질하며 십자가에 못 박게 할 것이나 제삼일에 살아나리라" (마 20:18-19). 이방인들, 곧 로마 군인들이 그분을 채찍질하여 피를 흘리게 한 후 십자가에서 죽이겠다는 예고였다.

실제로 베드로의 신앙고백이 나온 후, 예수 그리스도는 당신의 죽임을 5번이나 예고하셨으며 (마 16:21, 17:9, 23, 20:18-19, 26:2), 유대 지도자들이 그분을 죽이려고 작정한 표현이 두 번 나온다 (마 26:4, 27:1). 그러니까 마태복음에서 그분의 죽음이 7번이나 언급된 셈이다. 그리고 마지막으로 주님의 예고대로, 그리고 유대 지도자들의 작정대로 그분은 피를 흘리며 십자가에서 죽임을 당하셨다.

3) 만찬을 하면서

예수 그리스도가 피를 구체적으로 언급하시면서 죽음을 예고한 것은 마지막 만찬 때였다. 주님의 말씀을 직접 인용해보자. "또 잔을 가지사 감사 기도하시고 그들에게 주시며 이르시되 너희가 다 이것을 마시라. 이것은 죄 사함을 얻게 하려고 많은 사람을 위하여 흘리는 바 나의 *피* 곧 언약의 *피*니라" (마 26:28). 마가복음과 누가복음에도 역시 같은 예고의 말씀이 포함되어 있다 (막 14:24, 눅 22:20).

그 만찬은 유월절을 기념하면서 제자들과 나눈 식탁이었는데, 그분이 십자가에서 죽임을 당하기 전날 저녁이었다. 그 유월절의 만찬은 이스라엘 백성이 애굽에서 해방된 사실을 기념

하면서 갖게 된 중요한 예식이자 만찬이었다. 그들은 출애굽 후, 시내산에서 동물의 피로 하나님과 언약을 맺었다. "모세가 그 피를 가지고 백성에게 뿌리며 이르되, '이는 여호와께서 이 모든 말씀에 대하여 너희와 세우신 언약의 피니라'"(출 24:8).

'언약의 피'는 언약 관계에 있는 당사자 중 누구든지 그 언약을 깨뜨리면 피를 흘리고 죽어야 한다는 무서운 사실을 함축했다. 그런데 하나님과 언약을 맺은 이스라엘 백성이 그 언약을 깨뜨렸다. 당연히 그들은 피를 흘리고 죽어야 했는데도, 하나님이 언약을 깨뜨리신 것처럼 하나님이 책임을 지셨다. 그래서 그분의 아들 예수 그리스도가 피를 흘리며 십자가에서 죽임을 당하지 않으시면 안 되었다.

당장 다음 날이면 그렇게 죽임을 당하게 될 주님은 잔을 제자들에게 주시면서 이렇게 말씀하셨다. "이것은 죄 사함을 얻게 하려고 많은 사람을 위하여 흘리는 바 나의 피 곧 언약의 피니라!" 이 말씀에서 예수 그리스도는 유월절을 뛰어넘는 놀라운 사실을 언급하셨는데, 그것은 '죄 사함을 얻게 하려고 많은 사람을 위하여'라는 것이다. 비록 많은 사람이 죄를 범하여 피를 흘리고 죽어야 마땅하나, 당신이 죄를 범한 것처럼 피를 흘리고 죽겠다는 것이다.

이 말씀이 놀라운 사실이 또 있는데, 그것은 '많은 사람을 위하여' 피를 흘리시겠다는 것이다. 이스라엘 백성만을 위한 유월절이 더는 그들만을 위한 절기가 아니라는 것이다. 그 유월절의 피를 통해 이스라엘 백성이 죽음을 면하고 해방된 것처럼, 예수 그리스도가 십자가에서 흘리실 피는 이스라엘 백성은 물론 '많은 사람'을 위함이라는 것이다. 세례 요한이 선포한 대로, 그분은 '세상 죄를 지고 가는 하나님의 어린 양'이시다 (요 1:29). 얼마나 놀라운 예고인가!

4) 오병이어의 기적 후

예수 그리스도가 피를 강조하면서 죽음을 예고하신 것은 저 유명한 오병이어의 기적을 일으킨 후였다. 배고픈 많은 사람이 떡을 배불리 먹은 후였기에 자연스럽게 그들의 관심은 떡에 관한 것이었다. 그들이 '이 떡을 항상 우리에게 주소서!'라고 요구하자, 주님은 이렇게 응수하셨다. "나는 생명의 떡이니, 내게 오는 자는 결코 주리지 아니할 터이요, 나를 믿는 자는 영원히 목마르지 아니하리라" (요 6:34-35).

유대인들이 육신의 떡을 요구했을 때, 주님은 영적인 떡을 말씀하시면서 당신이 생명의 떡이라고 하셨다. 주님은 한발 더 나아가서 이렇게 말씀하셨다. "나는 하늘에서 내려온 살아 있는 떡이니, 사람이 이 떡을 먹으면 영생하리라. 내가 줄 떡은 곧 세상의 생명을 위한 내 살이니라" (요 6:51). 유대인들이 '어찌 능히 자기 살을 우리에게 주어 먹게 하겠느냐?'는 반문은 너무나 당연했다.

주님의 대답은 더욱 놀라웠다. "…인자의 살을 먹지 아니하고 인자의 피를 마시지 아니하면 너희 속에 생명이 없느니라. 내 살을 먹고 내 피를 마시는 자는 영생을 가졌고 마지막 날에 내가 그를 다시 살리리니, 내 살은 참된 양식이요 내 피는 참된 음료로다"(요 6:53-55). 어떻게 그분의 살과 피를 먹고 마시겠는가? 그것은 절대로 가능하지 않지만, 그 살과 피를 마시지 않으면 영생이 없다고 주님은 단호하게 말씀하셨다.

놀랍게도 그것은 예수 그리스도가 당신의 죽음을 예고한 세 번째의 말씀이었다. 주님은 이렇게 말씀하시면서 설명하셨다. "내가 하늘에서 내려온 것은 내 뜻을 행하려 함이 아니요, 나를 보내신 이의 뜻을 행하려 함이니라"(요 6:38). 그분을 보내신 하나님의 뜻은 무엇인가? 주님은 겟세마네 동산에서 기도하시면서 그분의 죽음이 하나님의 뜻이라고 고백하셨다. 그렇다! 하나님의 뜻은 사람들로 하나님과 교제를 회복하기 위하여 예수님이 피를 흘리며 죽는 것이었다.

그러므로 "내 살은 참된 양식이요 내 피는 참된 음료로다"라는 말씀은 그분의 살이 찢기고 피를 쏟으신 처참한 죽음을 예고한 말씀이었다. "인자의 살을 먹고 인자의 피를 마신다"는 것은 그렇게 십자가에서 처참하게 죽으실 예수 그리스도를 믿고 영접하라는 사랑의 초청이었다. 그렇게 믿을 때 세 가지 역사가 있을 것인데, 첫째는 생명을 얻게 된다. 다시 말해서 구원을 받는다는 말이다. 둘째는 마지막 날에 부활의 영광을 누리게 된다

(요 6:54). 셋째는 주님과 긴밀한 교제를 나누게 된다.

그분의 약속을 들어보자. "내 살을 먹고 내 피를 마시는 자는 내 안에 거하고 나도 그의 안에 거하나니"(요 6:56). 이것만큼 가까운 교제는 달리 찾을 수 없다. 주님이 믿는 자들 안에 거하시다니, 참으로 가까운 교제이다. 하나님이 인간을 창조하신 목적인 교제가 회복된다는 놀라운 약속이다. 그 목적을 이루기 위해 예수 그리스도는 죽으셔야 했는데, 그 죽음을 '살과 피'로 표현하셨다.

5) 나오면서

사람들은 살기 위해 발버둥 치다가 죽는다. 그러나 예수 그리스도는 처음부터 죽으려고 세상에 오셨다. 많은 선지자가 예언한 대로, 그리고 많은 모형이 시사하는 대로, 그분은 죽으려고 태어나셨다. 그렇게 처음부터 죽으러 오신 그분은 그 죽음의 때를 알면서 기다리시고 있었다 (요 2:4, 7:6, 30, 12:23, 13:1, 16:32, 17:1). 마침내 그때가 가까이 오자, 그분은 당신의 죽음을 제자들에게 알리기 시작하셨다. 그 예고는 삼중적이었다.

세 번의 간접적 증언

"내가 무죄한 *피*를 팔고 죄를 범하였도다"

1) 들어가면서

저 금요일 오전 9시에 예수 그리스도는 십자가에 못 박히셨는데, 마가는 그 사실을 이렇게 기록했다. "때가 제삼시가 되어 십자가에 못 박으니라"(15:25). 12시가 되었을 때 깜깜해지더니 오후 3시에 돌아가셨다. 마태의 상세한 기록을 인용해보자. "제육시로부터 온 땅에 어둠이 임하여 제구시까지 계속되더니…예수께서 다시 크게 소리 지르시고 영혼이 떠나시니라"(마 27:45, 50). 유대의 시간과 우리의 시간 차이는 6시간이다.

그렇게 피를 흘리고 죽임을 당하신 것은 예수 그리스도가 죽기 전에 세 번씩이나 예고하신 대로였다. 그런데 그런 직접적인 예고만 있었던 것이 아니라, 간접적인 증언도 있었다. 그 증언은 세 사람이 따로 했는데, 열두 제자 중 가룟 유다와 그분을 십자가에 못 박혀 죽도록 선고한 빌라도였다. 유다와 빌라도는 그분의 피에 대해 증언했는데 반해, 세 번째 인물인 구레네 사람 시몬은 삶의 변화를 통해 간접적으로 그분의 피에 대해 증언했다.

2) 가룟 유다

예수 그리스도를 어떻게 해서든 죽이려는 유대의 종교 지도자들과 그분을 3년이나 따르던 가룟 유다가 한마음이 된 적이 있었다. 누가는 그 사실을 이렇게 기록했다. "대제사장들과 서기관들이 예수를 무슨 방도로 죽일까 궁리하니 이는 그들이 백성을 두려워함이더라. 열둘 중의 하나인 가룟인이라 부르는 유다에게 사탄이 들어가니, 이에 유다가 대제사장들과 성전 경비대장들에게 가서 예수를 넘겨 줄 방도를 의논하매" (눅 22:2-4).

그렇다! 가룟 유다에게 사탄이 들어가지 않았다면 어떻게 그의 주님을 은 삼십에 팔 수 있었겠는가? 사탄은 첫 아담을 그의 간계로 무너뜨린 바 있었는데 (창 3장), 이제는 마지막 아담인 예수 그리스도를 무너뜨리려고 그분의 제자 중 한 사람의 탐심에 불을 지폈다. 물론 과거와 현재와 미래를 아우르시는 하나님은 그 사실을 이미 아셨다. 따라서 스가랴 선지자를 통해 은 삼십에 팔릴 것을 예언하신 대로, 그분은 그렇게 팔리셔서 죽임을 당하셨다 (슥 11:13).

그러나 가룟 유다의 마음속에서 그분이 깨끗하면서도 놀라운 역사를 일구신 분이라는 사실을 지울 수 없었다. 그는 "그의 정죄됨을 보고 스스로 뉘우쳐 그 은 삼십을 대제사장들과 장로들에게 도로 갖다 주며 이르되, '내가 *무죄한 피*를 팔고 죄를 범하였도다'"라고 고백했기 때문이었다 (마 27:3-4). 그 고백은 간접적인 증언이 되었는데, 그분의 피가 무죄했다고 선언했기 때문이었다. 비록 그가 사탄의 지배를 받았지만, 그래도 그분의 피가 깨끗하다고 증언했다.

그가 그렇게 증언하기까지 얼마나 갈등하며 괴로워했을까? 그는 아무도 기댈 수 없는 처지가 되었는데, 그에게 돈을 건네준 사람들도 그를 외면했다. 그와 3년이나 함께 지냈던 제자들도 역시 외면했다. 물론 하나님도 외면하셨다. 그의 양심도 그를 버린 듯 그를 괴롭히고 있었다. 심지어는 그가 목을 맨 나무조차도 그를 버렸다. "몸이 곤두박질하여 배가 터져 창자가 다 흘러 나왔다"는 성경의 묘사는 나무가 부러져 땅에 굴러떨어져 죽었다는 것을 함축한다 (행 1:18).

가룟 유다의 말대로 예수 그리스도의 피는 무죄했다. 그렇게 증언한 유다는 자살하기 전에 그 피를 의지해서 하나님께 나왔어야 했다. 그는 "내가 무죄한 피를 팔고 죄를 범하였도다"라고 고백했는데, 그 고백은 사람 앞에서 한 고백에 지나지 않았다. 만일 그가 하나님 앞에서 진정으로 그렇게 고백하고 그 피를 의지했다면, 그도 베드로 사도처럼 펑펑 울면서 주님께로 돌아올 수 있었을 것이다. 결국, '죄를 범했다'는 고백은 자기 정죄의 표현에 지나지 않았다.

그렇게 고백한 후에 그는 목을 매어 자살했는데, 그런 행위는 오만의 극치라고밖에 볼 수 없다. 본래 생명은 하나님이 주신 선물이기에 스스로 목숨을 끊는다는 것은 하나님을 저버린 처사이다. 그뿐 아니라, 죄의 심판은 하나님만이 하실 수 있는 영역인데, 유다는 자신을 심판했다. 그 마지막 순간에도 그는 자신을 하나님의 자리로 들어가서 심판자가 되는 악행을 주저하지 않았다. 그것만큼 큰 반항이 또 어디 있겠는가?

유월절 예비일인 금요일 아침에 가룟 유다는 스스로 목숨을 끊으면서 '무죄한 피'를 통해 용서받을 수 있는 하나님의 큰 은혜를 걷어찼다. 그래도 그는 몇 시간 후에 십자가에서 흘리실 예수 그리스도의 피를 간접적으로나마 증언하면서 생애를 마감했다. "내가 무죄한 피를 팔고 죄를 범하였도다." 그렇게 고백하면서 가룟 유다가 죽자 유월절은 본격적으로 시작되었으며, 예수 그리스도는 마침내 유월절의 어린 양처럼 피를 흘리며 십자가에서 죽으셨다.

3) 빌라도

간접적으로 예수 그리스도의 피를 증언한 두 번째 사람은 유대의 총독 빌라도였다. 그는 그분을 재판하면서 사형을 선고할 수도 있고 무죄를 선고할 수 있었다. 그분이 무죄인 사실을 너무나 잘 알면서도 사형을 선고하므로 법적 공의를 짓밟았다. 그뿐 아니라, 아내의 진술한 의견도 뭉개버렸다. 한발 더 나아가서 마음속에서 우러나오는 양심의 소리도 거부했다. 그는 이처럼 위선의 죄를 짊어짐으로 영원히 죄인이 된 것이다.

빌라도가 그렇게 사형을 선고한 이유는 한 가지였는데, 민중의 함성과 더불어 발생하게 될 민란을 두려워했기 때문이다. 그는 "물을 가져다가 무리 앞에서 손을 씻으며 이르되, 이 사람의 피에 대하여 나는 무죄하니 너희가 당하라"고 했다 (마 27:24). 이 말의 뜻은 분명한데, 예수 그리스도께는 죄가 전혀 없다는 말이다. 어떤 사본에는 '이 옳은 사람의 피'라고 기록되어 그분의 무죄를 더욱 강조했다. 빌라도는 이처럼 간접적으로 그분의 피를 증언했던 것이다.

빌라도의 이런 증언은 가룟 유다의 간접적인 증언과 매우 흡사했다. 유다는 대제사장들과 장로들 앞에서 예수 그리스도의 피를 '무죄한 피'라고 하면서 자살했는데, 빌라도도 역시 그들 앞에서 그분의 무죄를 공언했다. 비록 빌라도는 자살하지는 않았지만, 그도 죽은 후에 유다처럼 하나님의 공의로운 심판을 피하지 못했을 것이다. 그도 가룟 유다처럼 지옥으로 던져진 후, 영원한 심판을 받게 될 것이다.

빌라도는 죄 없는 예수 그리스도를 십자가에 못 박히도록 선고했다. 그 대신 민란과 살인의 죄를 범한 바라바를 방면했다. 누가는 바라바를 이렇게 소개했다. "이 바라바는 성중에서 일어난 민란과 살인으로 말미암아 옥에 갇힌 자러라" (눅 23:19). 거기다가 사도 요한은 '강도'라고 덧붙여서 소개했다 (요 18:40). 그렇다! 바라바는 강도요, 살인자요, 민란을 일으킨 흉악범이었는데도, 바라바를 방면했다 (마 27:17).

예수와 바라바 중 바라바를 택한 것은 마치 아벨을 버리고 가인을 선택한 것과 같다. 형 가인은 동생 아벨을 돌로 쳐죽인 살인자였는데, 그렇게 죽임을 당한 아벨의 피는 땅에서부터 하나님께 호소했다 (창 4:8, 10). 히브리서 저자의 증언이다. "믿음으로 아벨은 가인보다 더 나은 제사를 하나님께 드림으로 의로운 자라 하시는 증거를 얻었으니 하나님이 그 예물에 대하여 증언하심이라; 그가 죽었으나 그 믿음으로써 지금도 말하느니라" (히 11;4).

아벨의 피가 하나님께 호소하는 것처럼, 십자가에 못 박히신 예수 그리스도의 피는 하나님께 영원히 호소할 것이다. 땅에서 호소하는 아벨의 피 소리를 하나님이 들으신 것처럼, 하나님은 예수 그리스도의 피 소리를 지금도 듣고 계시다. 그 결과 그 피를 의지해서 하나님께 나아오는 사람들을 하나님은 받아주신다. 그들의 죄가 아무리 깊고 넓어도 그 피는 그들의 죄를 깨끗이 씻어준다.

이 시점에서 한 가지 짚고 넘어가야 할 것이 있는데, 그것은

'십자가에 못 박혀야 하겠나이다'라고 소리 지른 유대인들이다 (마 27:22-23). 유대인은 여호와의 이름을 모독하는 자를 돌로 쳐죽였다. "여호와의 이름을 모독하면 그를 반드시 죽일지니 온 회중이 돌로 그를 칠 것이니라; 거류민이든지 본토인이든지 여호와의 이름을 모독하면 그를 죽일지니라" (레 24:16). 그런데 유대인들에 의하면, 예수 그리스도의 죄도 역시 신성모독이었다 (마 26:64-65).

그들은 총독 빌라도의 허락을 받아서 예수 그리스도를 돌로 쳐죽일 수 있었다. 그러나 의도적으로 '십자가에 못 박혀' 죽어야 한다고 강력하게 요구한 이유는 무엇인가? 비록 그들은 로마의 법대로 죽여달라고 했지만, 그것도 하나님의 섭리로 이루어진 것이었다. 만일 그분이 돌에 맞아 죽었다면, 유대인의 구주는 될 수 있을지언정 세상의 구주는 될 수 없었다. 그분의 말씀대로이다. "내가 땅에서 들리면 모든 사람을 내게로 이끌겠노라" (요 12:32).

이 말씀에서 '모든 사람'은 시공을 초월한 인간 모두를 가리키며, 따라서 예수 그리스도는 유대인뿐만 아니라 세상의 구주로 십자가에 못 박히셔야 했다. 그처럼 중요한 가르침은 이미 유대의 역사에도 있었는데, 곧 유대인들이 놋뱀을 장대에 높이 달리게 한 사건이었다 (민 21:4-9). 예수 그리스도도 그 사건을 가리키면서 이렇게 말씀하셨다. "모세가 광야에서 뱀을 든 것 같이 인자도 들려야 하리니, 이는 그를 믿는 자마다 영생을 얻게 하려 하심이니라" (요 3:14-15).

그렇다! 대제사장들과 장로들은 민중을 꼬드겨서 예수 그리스도를 로마의 처형 방법인 십자가에 못 박히게 하였지만, 그리고 빌라도가 그런 요구를 허락했지만, 하나님은 인간의 간계를 역으로 사용하셨다. 무죄의 피를 십자가에서 흘리며 죽으신 예수 그리스도가 전 인류의 소망이 되게 하셨다. 그 십자가에서 흘리신 피만이 인간의 죄를 씻어줄 수 있기 때문이다. 결국, 그분에게 죄 없다고 말한 빌라도는 간접적으로 그분의 피를 증언한 것이다.

4) 구레네의 시몬

유월절을 지키기 위해 예루살렘에 운집한 사람들 가운데 리비아의 구레네에서 온 사람들도 있었는데, 유대인들과 유대교에 입교한 사람들이었다 (행 1:10). 그들 중에는 시몬이란 사람도 있었는데, 그는 십중팔구 이방인이었다가 유대교에 입교한 사람이었을 것이다. 그런데 구레네는 리비아의 북쪽에 있는 중요한 항구 도시로, 오래전 그리스인들이 건설한 도시였다. 시몬도 유월절을 지키기 위해 머나먼 2,600여km를 마다하지 않고 예루살렘으로 왔다.

예루살렘에 도착하자 그는 바로 예수 그리스도를 보게 되었다. 그분은 피투성이가 되어 십자가를 지고 비틀거리면서 골고다를 향해 움직이고 계셨다. 그분은 너무 힘들어서 넘어졌다 일어서기를 반복했는데, 시몬은 갑자기 로마 군인들에게 잡혀서 그분 대신 억지로 십자가를 지게 되었다 (막 15:21). 그렇게 십자가를 지면서 율법적으로 저주를 받아 유월절을 지킬 수 없게 되었다. "…나무에 달린 자는 하나님께 저주를 받았음이니라"(신 21:23).

틀림없이 피로 범벅이 된 십자가를 지면서 그도 피투성이가 되었을 것이다. 얼마나 불행한 일이었는가? 그렇게 오랫동안 준비하고 온갖 어려움을 무릅쓰고 거기까지 왔는데, 한순간에 그의 소망과 기대가 산산이 깨어지다니! 그런데 놀라운 일이 벌어졌는데, 그가 유월절의 주인공이신 예수 그리스도를 그의 구주로 받아들이게 된 것이다. 달리 표현하면, 율법을 지키려고 예루살렘으로 왔다가 율법이 가리키는 주님을 만나게 되었다는 말이다.

바울 사도는 그런 과정을 이렇게 묘사했다. "믿음이 오기 전에 우리는 율법 아래에 매인 바 되고 계시될 믿음의 때까지 갇혔느니라. 이같이 율법이 우리를 그리스도께로 인도하는 초등교사가 되어 우리로 하여금 믿음으로 말미암아 의롭다 함을 얻게 하려 함이라"(갈 3:23-24). 리비아에서 온 구레네의 시몬을 너무나 잘 묘사한 말씀이다. 그는 유대교에 입교한 후, 율법적으로 유월절을 지키려고 예루살렘에 왔다가 예수 그리스도를 만난 것이다.

시몬은 그의 아내와 아들들에게 그리스도 예수를 구주요 주님으로 증언한 것이 틀림없다. 그렇지 않다면 어떻게 그의 두 아들, 알렉산더와 루포의 이름이 하나님의 말씀에 나올 수 있단 말인가? "마침 알렉산더와 루포의 아버지인 구레네 사람 시몬이 시골로부터 와서…" (막 15:21). 시몬은 그 두 아들의 이름으로 소개된 것을 보아 그들은 틀림없이 널리 알려진 신실한 그리스도인들이었을 것이다.

　　시몬의 아내는 어떤가? 바울 사도는 그 아내를 엄청나게 소개했다. "주 안에서 택하심을 입은 루포와 그의 어머니에게 문안하라; 그의 어머니는 곧 내 어머니니라" (롬 16:13). 루포는 두 아들 가운데 하나인데, 하나님이 그 아들과 아내를 택하셨다는 것이다. 한발 더 나아가서, 바울 사도는 시몬의 아내를 '내 어머니'라고 불렀다. 바울 사도처럼 크나큰 인물이 영적 어머니로 삼았다면, 시몬의 아내도 그리스도 안에서 큰 인물로 성숙했음이 틀림없다.

　　시몬이 예수 그리스도를 증언하자, 그의 아내와 두 아들도 그가 만난 예수 그리스도를 만난 것이다. 얼마나 놀라운 증언이었나? 그의 증언을 통해 아내와 아들들이 그들의 구주를 만났을 뿐 아니라, 영적으로도 큰 인물들이 되었으니 말이다. 시몬이 예수 그리스도의 피로 율법의 속박에서는 물론 죄의 굴레에서 해방된 것처럼, 그가 증언한 예수님의 피는 그의 아내와 아들들을 변화시켰을 뿐 아니라 영적으로 큰 인물들이 되게 했다.

5) 나오면서

　가룟 유다와 빌라도는 예수 그리스도의 피가 무죄하다고 증언했지만, 구레네의 시몬은 그 피에 대해 가족에게 증언했다. 히브리와 로마와 헬라 말로 기록된 '유대인의 왕'이라는 죄 패(요 19:19-20)는 히브리 말을 하는 가룟 유다와 로마 말을 하는 빌라도는 물론, 헬라 말을 사용하는 구레네의 시몬에게 그분 앞으로 나아와야 한다는 메시지였다. 그러나 유다와 빌라도는 간접적으로 증언했으나 나아오지 않았다. 멀리서 온 시몬만이 그 피를 믿었고 그리고 증언했다.

$$4$$

세 번의 단계

"백성의 허물을 위하여 드리는 *피* 없이는 아니하나니"

1) 들어가면서

예수 그리스도의 피가 인간의 죗값이라는 엄청난 사실은 처음부터 알려진 것이 아니었다. 물론 아담과 하와가 불순종하여 하나님과의 교제가 깨어지자마자 즉각적으로 하나님은 그 교제의 회복을 기획하셨다. 두말할 필요도 없이 예수 그리스도의 *피*를 통해서였다. 그러나 하나님은 그 사실을 인간이 이해할 수 있을 만큼만 차례로 알려주셨다. 그 이해를 토대로 하나님은 그 다음 단계를 알려주셨는데, 그렇게 단계적으로 더 알려주는 것을 '점진적 계시'라고 한다.

아담과 하와가 발가벗은 수치를 가리려고 무화과나무의 잎새로 치마를 만들었는데, 그것은 한계가 너무 많았다. 그들이 그렇게 땀을 흘리며 치마를 반복적으로 만들 때 하나님이 그들을 위해 가죽옷을 지어주셨는데, 그 은혜는 간접적으로나마 피의 중요성을 알려준 최초의 역사였다 (창 3:21). 가죽옷을 위해 죄 없는 동물이 피를 흘리며 죽지 않으면 안 되었기 때문이다. 그 은혜를 시작으로 하나님은 세 번의 단계를 거쳐 예수 그리스도의 피에 대해 알려주셨다.

2) 아벨의 피

아담과 하와의 아들 가운데 아벨은 '양의 첫 새끼와 그 기름으로 드렸더니' 하나님이 기쁘게 받으셨다 (창 4:4). 반면, 그의 형 가인은 '땅의 소산으로 제물을 삼아 드렸으나' 하나님은 받지 않으셨다 (창 4:5). 그 이유는 너무나 분명하다! 그들의 부모가 그들에게 피의 제물을 드려야 한다고 가르치지 않았을 이유가 없다. 그 동물이 그들을 대신해서 피를 흘리고 죽은, 그래서 그들의 부끄럼을 가려준, 가죽옷의 중요성을 그들의 아들들에게 전해주었을 것이다.

가인과 아벨의 제물은 너무나 중요한데, 그 이유는 그들의 부모가 불순종한 이후 인간이 하나님께 나아오는 최초의 시도이기 때문이다. 그들의 시도에 의하면 인간이 하나님께 나오는 방법을 크게 두 가지로 분류할 수 있다. 하나는 가인처럼 인간의 노력과 업적으로 나아오려는 시도이다. 인류의 역사를 들여다

보면 얼마나 많은 사람이 그들의 노력으로 하나님께 나아오려고 했는가? 그 노력 가운데 가장 대표적인 것이 '종교'이다.

다른 하나는 죄 없는 동물의 피를 의지해서 하나님께 나오는 방법이다. 문제는 인간이 어떻게 나오느냐가 중요한 것이 아니라, 하나님이 받으시는 것이 중요하다. 하나님은 피를 의지해서 나아온 아벨은 받으셨으나, 땀의 결산인 농산물로 나아온 가인은 받지 않으셨다. 그는 억울해 하면서 동생 아벨을 쳐죽였다. 그렇게 죽은 아벨의 피 소리가 땅에서부터 하나님께 호소하고 있었다 (창 4:10).

하나님께 호소하는 아벨의 피는 먼 훗날 예수 그리스도가 십자가에서 흘리신 피의 모형이다. 히브리서 저자는 아벨과 예수 그리스도를 비교하면서 이렇게 기록했다. "새 언약의 중보자이신 예수와 및 아벨의 피보다 더 나은 것을 말하는 뿌린 피니라" (히 12:24). 이 말씀에 의하면, 아벨이 뿌린 피도 하나님이 기쁘게 받으셨지만, 예수가 뿌린 피는 훨씬 더 기쁘게 받으셨다는 것이다.

왜 예수 그리스도의 피를 아벨의 피보다 더 기쁘게 받으셨는가? 첫째 이유는 아벨의 피는 억울함을 호소하면서 복수해줄 것을 아뢰는 것이었다. 그러나 예수 그리스도의 피는 용서를 호소하는 피였다. 그분은 십자가에서 피를 흘리며 죽으시면서 '아버지 저들을 사하여 주옵소서!'라고 호소하셨다 (눅 23:34). 둘째 이유는 아벨은 자신을 위해 드린 피의 제물이었으나, 예수 그리스도의 피는 만인을 위한 제물이었다.

아벨은 그 피의 제물로 죄를 용서받고 하나님 앞으로 나아올 수 있었는데, 그 피를 통해 의롭다 하심을 받았기 때문이다 (롬 5:9). 예수님은 마태복음에서 아벨을 의인이라고 부르셨다. "그러므로 *의인 아벨의 피*로부터 성전과 제단 사이에서 너희가 죽인 바라갸의 아들 사가랴의 피까지 땅 위에서 흘린 의로운 피…" (마 23:35). 그렇다! 아벨은 피를 흘리고 죽은 양의 첫 새끼로 하나님께 제물을 드렸고, 그리고 하나님은 그 피의 제물을 받으셔서 그를 의롭다 하신 것이다.

3) 유월절 양의 피

아담과 하와를 위해 가죽옷으로 수치를 덮으려고 땀을 흘린 이후 피의 의미를 알려준 첫 번째 단계가 아벨의 피라면, 두 번째 단계는 '유월절에 죽은 어린 양의 피'였다. 이스라엘 백성은 오랫동안 애굽의 종으로 살았다. 마침내 하나님은 그들이 출애굽할 수 있도록 도우셨는데, 이스라엘을 붙잡고 있는 애굽을 혹독하게 심판하신 방법을 통해서였다. 그 심판이 저 유명한 장자와 동물의 첫 새끼를 죽이는 것이었다.

그러나 이스라엘 백성은 죽임을 면했는데, 일 년 된 흠 없는 어린 양으로 장자를 대신해서 죽게 하셨기 때문이다. 유대의 종교력으로 1월 10일에 죽일 양을 선택했다가 14일 저녁에 그 양을 죽였다. 참고로 유대의 14일 저녁은 태양력으로는 금요일 오전이다. 그렇게 죽은 양의 피를 우슬초로 문 인방과 좌우 기둥에 뿌렸다. 그날 밤 죽음의 천사가 애굽에 들이닥쳐서 장자들을 죽일 때, 피를 뿌린 집의 장자는 죽이지 않고 그대로 넘어갔다.

집 안에 있는 유대인들은 그 양의 고기를 불에 구워서 무교병과 쓴 나물과 함께 먹어야 했다 (출 12:8-9). 그런데 그 양의 고기를 먹을 수 있는 식구가 너무 적으면 다른 식구들과 함께 먹어야 했다. 통상적으로 일 년 된 양의 고기는 10명이 먹을 수 있으나, 먹는 사람에 따라 15명이나 20명이 될 수도 있었다. 애굽 사람들의 집에서는 장자의 죽음으로 큰 울음이 들려왔으나, 이스라엘 집에서는 여행 준비를 하면서 고기를 맛있게 먹고 있었다.

그런데 유월절 양의 피는 구원의 역사에서 매우 중요한 의미를 함축했다. 그때까지는 개개인이 죄를 짓거나 아니면 하나님께 나아올 때, 아벨처럼 한 마리 양의 피를 제물로 삼았다. 그러나 유월절의 양은 달랐다. 한 사람을 위하여 양 한 마리가 피를 흘리고 죽은 것이 아니라, 적어도 10명을 위하여 죽었다. 얼마나 진보된 방법인가! 적어도 10마리의 양 가운데 9마리는 죽지 않아도 되었으니 말이다.

유월절의 어린 양도 물론 앞으로 오실 예수 그리스도의 모형이다. 그분은 죽을 수밖에 없는 죄인들을 대신해서 피를 흘리고 죽으셨기 때문이다. 바울 사도는 그분을 '우리의 유월절 양'이라고 소개했고 (고전 5:7), 요한계시록을 기록한 사도 요한은 예수 그리스도를 어린 양이라고 31번이나 소개했다. 헬라어성경에서는 29번 나오지만, 한글성경에서는 두 번의 대명사를 명사로 번역해서 31번 나왔다.

4) 속죄일의 피

아담과 하와에게 가죽옷을 입힌 후, 피의 의미를 알려준 세 번째 단계는 '속죄일의 피'이다. 이스라엘 백성은 그동안 지은 죄들을 용서받기 위해 일 년에 한 번씩 성막이 있는 곳으로 모였다. 대제사장이 양이나 염소의 피를 가지고 지성소로 들어가는데, 일 년에 한 번만 들어갈 수 있었다. 히브리서 저자는 그 사실을 이렇게 서술했다. "오직 둘째 장막은 대제사장이 홀로 일 년에 한 번 들어가되, 자기와 백성의 허물을 위하여 드리는 *피* 없이는 아니하나니" (히 9:7).

그 양은 그들의 죄를 짊어지고 죽임을 당한다. 대제사장은 그 피를 가지고 하나님이 좌정하신 지성소로 들어간다. 물론 지성소로 들어가기 전에 성소에서 그의 겉옷과 에봇을 벗고 흰옷만 입고 들어간다. 한 손에는 금향로를, 그리고 다른 손에는 피를 담은 그릇을 가지고 들어간다. 그는 금향로를 언약궤와 자신 사이에 놓아야 한다. 금향로에서 오르는 향연이 하나님과 자신 사이를 막아서 그로 죽지 않게 하기 때문이다 (레 16:13).

그다음 그는 양의 피를 언약궤의 뚜껑, 곧 속죄소에 일곱 번 뿌린다. 그뿐 아니라, 그는 속죄소 동편에 그 피를 다시 일곱 번 뿌려야 한다. 속죄소 위와 두 그룹 사이에 좌정하신 하나님은 이스라엘 백성의 죄 대신 흘린 피를 받으시고, 그들의 죄를 사하신다. 대제사장은 뒷걸음을 치면서 성소로 나오는데, 만일 그가 등을 언약궤 쪽으로 돌리면 죽기 때문이다. 성소에서 제사장의 찬란한 복장을 다시 입고 백성들 앞으로 나아간다.

그날은 유대의 종교력으로 7월 10일로 이스라엘의 속죄일이다. 그날 대제사장은 평상시에 입에 담을 수 없는 야훼의 이름을 10번 부른다. 한번 '야훼'하고 큰 소리로 부르면, 이스라엘 백성은 죄를 고백하면서 회개한다. 대제사장이 또 '야훼'하고 부르면, 그들은 다시 몸을 괴롭게 하면서 죄를 고백한다. 그렇게 10번 부르는 동안 이스라엘 백성은 10번 회개한다. 10이 숫자적 완전을 뜻하기에 완전하고도 철저하게 회개한다는 뜻이다.

이스라엘 백성은 두 마리의 양을 준비하는데, 한 마리는 이미 죽여서 그 피를 가지고 대제사장이 지성소로 들어간다. 다른 한 마리의 머리에 이스라엘을 대표하는 장로들이 안수하는데, 그 의식은 이스라엘 백성의 죄가 그 양에게 전가(轉嫁)된다는 뜻이다. 이스라엘 백성은 그들의 죄를 짊어진 양이 광야로 끌려가는 것을 보게 된다. 그날은 안식일이라 양을 끌고 가는 사람도 2,000규빗(약 900m) 이상 걸어갈 수 없다.

그들은 안식일의 규정에 따라서 2,000규빗마다 사람을 준비시켰다가 앞의 사람이 양을 끌고 오면 인계를 받아서 끌고 간다. 그렇게 여러 사람을 거쳐서 마침내 아주 깊은 절벽에 이르면, 그 절벽에 그 양을 밀어서 떨어뜨린다. 그 양은 굴러떨어지면서 죽는데, 그것은 이스라엘 백성의 죄가 돌아올 수 없도록 굴러떨어졌다는 것을 상징한다. 마침내 이스라엘 백성은 그들이 일 년 동안 지은 모든 죄를 용서하신 하나님께 감사와 찬양을 올린다.

그런데 이처럼 중요한 예식에서 놀라운 진리를 발견할 수 있는데, 그것은 한 마리 양의 피가 전체 이스라엘 백성의 죄를 사한다는 사실이다. 얼마나 진보된 가르침인가! 한 마리의 양이 한 사람을 위해 피를 흘리더니, 그것이 확대되어 그 피가 10명을 위해 피를 흘리다가, 이제는 그 피가 한 민족의 죄를 사하다니! 그런데 그보다 더욱 놀라운 사실은 그 양이 바로 예수 그리스도를 가리키는 모형이라는 사실이다.

세례 요한은 그분을 가리키면서 이렇게 외쳤다. "보라, 세상 죄를 지고 가는 하나님의 어린 양이로다!"(요 1:29). 그렇다! 예수 그리스도가 십자가에서 피를 흘리신 것은 한 사람이나, 한 가족이나, 한 민족만을 위해서가 아니었다. 그분은 온 세상의 만민을 위해 피를 흘리신 세상의 구주이시다. 그런데 그런 놀라운 사실을 하나님은 점진적 계시로 인간이 알 수 있을 만큼씩만 확대하셨다. 세 번의 단계를 거치면서 말이다!

5) 나오면서

진리의 영이신 성령이 조명해주시는 것만큼 인간은 하나님의 말씀을 깨달을 수 있고, 그리고 삶에 적용할 수 있다 (요 14:17). 성령의 도움이 없다면, 하나님의 말씀을 통해 점진적으로 계시해주신 구원의 피에 대해 누가 깨달을 수 있겠는가? 아벨의 피로 시작해서, 유월절 어린 양의 피와 속죄일에 죽은 양의 피를 거쳐, 마침내 온 세상의 죄를 위하여 십자가에서 흘린 예수 그리스도의 피는 참으로 귀하다. 그 피를 통해서만 죄를 용서받기 때문이다.

5
세 가지 의미

"육체의 생명은 *피*에 있음이라"

1) 들어가면서

성인의 몸에는 20리터 이상의 피가 흐르고 있다. 그 피는 심장에서 동맥을 통해 온몸에 퍼져있는 모세혈관으로 흐르며, 다시 정맥을 통해 심장으로 되돌아간다. 그 피가 흐르는 혈관의 길이는 12만km나 되는데, 지구를 세 바퀴나 돌 수 있는 길이이다. 그렇게 먼 거리를 피가 한 바퀴 도는 시간은 50초도 안 걸리는데, 그 피는 몸 안의 세포에 산소와 영양소를 공급하고, 이산화탄소와 노폐물을 회수하여 운반하는 역할을 감당하는 붉은 액체이다.

하나님의 말씀에는 이처럼 중요한 피가 무척 많이 나오는데, 이미 언급한 대로 구약과 신약에서 362번과 98번씩 각각 나온다. 히브리어로 피는 담(דָּם)인데, 이 담이 첫 사람 아담(אָדָם)의 이름에 들어있다. 그러니까 하나님이 아담을 창조하셨을 때 그의 몸에 피도 생성되었다는 사실을 함축한다. 헬라어로 피는 *하이마*(αἷμα)인데, 이 피는 동물과 인간의 생명을 유지하는 액체이다. 이 장에서는 이처럼 중요한 피의 성경적 의미를 세 가지로 살펴보고자 한다.

2) 생명과 죽음

하나님은 당신의 형상을 따라 사람을 창조하셨는데, 그 사람이 바로 아담이다. 창세기 1~2장에는 창조된 '사람'이 일곱 번 나오고 (창 1:26-27, 2:7-8, 15-16, 18) '아담'이 여섯 번 나오는데 (창 2:19-23, 25), 히브리어에서는 모두 '아담'으로 나온다. 그렇게 두 가지로 번역할 수 있는 것은 '아담'의 뜻이 '사람'이기 때문이다. 그러나 위에서 언급한 것처럼, '아담'이라는 이름 속에 '피'가 들어가 있다는 사실을 인지하면 이야기는 달라진다.

그 이유는 너무나 자명하다! 피가 없는 사람은 살아 있는 사람이 아니기 때문이다. 그러니까 하나님은 창세기를 기록하게 하면서 의도적으로 '사람'이 아니라 '아담'이라고 부르셨다. 물론 '아담'이 '사람'이고 '사람'이 '아담'이지만, 그래서 번갈아 가면서 번역할 수 있다. 그러나 처음부터 끝까지 피가 포함된 '아담'으로 기록된 깊은 뜻이 있었다. 사람이 살아 있어야 하나님과 교제할 수 있기 때문이다.

하나님은 이렇게 최초의 사람 아담을 창조하셨다. "여호와 하나님이 땅의 흙으로 사람을 지으시고 생기를 그 코에 불어넣으시니 사람이 생령이 되니라"(창 2:7). 비록 사람이 흙으로 지음을 받았지만, 그 속에 피가 흐르게 창조하셨다. 그리고 당신의 생기를 불어넣어 주셨다. 그 결과 아담은 '생령'이 되었다. '생령'은 살아 있다는 뜻의 '생'에다 '생명'을 뜻하는 '령'이 결합한 합성어이다. '령'은 성령을 뜻하지 않고 생명을 뜻하는데, 히브리어로는 *네페쉬*(נֶפֶשׁ)이다.

결국, 피의 가장 근본적인 의미는 생명이다. 하나님도 그런 사실을 이렇게 확인해주셨다. "그러나 고기를 그 생명 되는 피째 먹지 말 것이니라"(창 9:4). 이 말씀에서도 '생명'은 *네페쉬*이다. 하나님은 다른 곳에서도 이 사실을 다시 확인해주셨다: '육체의 생명은 피에 있음이라'(레 17:11a). 이 말씀에서도 '생명'은 역시 *네페쉬*이다. 그러니까 '생명'은 '피'이고, '피'는 '생명'이라는 말이다.

그런데 '피'가 생명이기에 만일 그 피를 잃으면 생명은 끝장난다. 그러므로 '피'는 죽음을 뜻하기도 한다. 하나님은 "그러나 고기를 그 생명 되는 피째 먹지 말 것이니라"고 엄히 금하셨다(창 9:4). 그 이유는 분명한데, 피가 생명이기 때문이다. 피째 먹으면 대가를 치뤄야 한다. "내가 반드시 너희의 피 곧 너희의 생명의 피를 찾으리니 짐승이면 그 짐승에게서, 사람이나 사람의 형제면 그에게서 그의 생명을 찾으리라" (창 9:5).

이 말씀에서 "너희의 생명의 피를 찾는다"라는 것은 죽음을 뜻한다. 그렇게 혹독하게 대가를 내야 하는 이유도 말씀하셨다. "다른 사람의 피를 흘리면 그 사람의 피도 흘릴 것이니, 이는 하나님이 자기 형상대로 사람을 지으셨음이니라" (창 9:6). 피가 죽음을 뜻하는 것은 쉽게 이해할 수 있다. 요셉을 죽이려는 형제들을 말리면서 르우벤은 이렇게 말했다. "르우벤이 또 그들에게 이르되 피를 흘리지 말라" (창 37:22a).

그 후 하나님은 고의로 다른 사람을 죽인 사람은 책임을 지고 피를 흘리며 죽어야 한다고 말씀하셨다. 하나님은 그 이유도 분명하게 언급하셨다! "너희는 너희가 거주하는 땅을 더럽히지 말라; 피는 땅을 더럽히나니 피 흘림을 받은 땅은 그 피를 흘리게 한 자의 피가 아니면 속함을 받을 수 없느니라" (민 35:33). 하나님의 형상으로 지음을 받은 사람을 죽인 사람은 그의 피로 더러워진 땅을 속해야 하는데, 그 피는 두말할 필요도 없이 죽음을 뜻한다.

이스라엘 백성이 하나님께 나아오려면 제물을 의지하지 않으면 안 되었다. 그 제물이 번제물이든, 화목제물이든지, 속죄 제물이든지, 속선 제물이는지 그 제물의 피를 제단 사방에 뿌려야 했다 (레 1:5, 3:8, 4:7, 5:9). 제단에 뿌려진 피는 죽음을 뜻했다. 그 동물이 소든, 양이든, 염소이든 반드시 죽어야 하며, 그렇게 죽은 동물의 피가 제단에 뿌려져야 했다. 그 동물들은 모두 모형으로, 어느 날 그 모형의 실제인 예수 그리스도가 피를 흘리며 죽으실 것이다.

3) '덮다'

죄의 용서에서 피가 없으면 절대로 가능하지 않다. 그 사실을 레위기는 이렇게 기록하고 있다. "육체의 생명은 피에 있음이라; 내가 이 피를 너희에게 주어 제단에 뿌려 너희의 생명을 위하여 속죄하게 하였나니, 생명이 피에 있으므로 피가 죄를 속하느니라" (레 17:11). 이 말씀에서 피를 통해 죄가 속죄된다는 사실을 두 번씩이나 강조하고 있다. "이 피를…속죄하게 하였나니…피가 죄를 속하느니라."

이 말씀에서 '속죄하게'와 '속하느니라'는 동사를 눈여겨보자. 비록 한글성경에서는 표현이 약간 다르지만, 히브리어에서는 똑같은 동사로 카파르(כָּפַר)이다. 카파르의 가장 근본적인 뜻은 '덮다'cover이다. 이것을 위의 말씀에 적용하면 이렇게 된다. "…이 피를 너희에게 주어 제단에 뿌려 너희의 생명을 위하여 *덮게* 하였나니, 생명이 피에 있으므로 피가 죄를 *덮느니라.*" 그러면 누구의 죄를 덮어주는가? 두말할 필요도 없이 죄를 지은 사람의 죄를 덮어준다.

구약성경에서 죄의 결과가 덮어진 최초의 인물은 아담과 하와였다. 그들이 죄를 범한 후 벌거벗은 수치와 죄의식을 덮으려고 진땀을 흘리며 나무 잎새로 치마를 만든 것은 너무나 잘 알려진 사실이다. 그러나 그 치마가 오래 가지 못하고 시들어버리기에 하나님이 반영구적인 가죽옷으로 그들을 덮어주셨다. "여호와 하나님이 아담과 그의 아내를 위하여 가죽옷을 지어 입히시니라"(창 3:21). 이미 언급한 것처럼, 동물이 피를 흘리며 죽어서 가죽옷이 만들어졌다.

그 후 피가 죄를 덮어준 사실을 분명하게 보여준 사건은 유월절과 속죄일이다. 유월절에 이스라엘 백성은 양의 피를 대문의 인방과 양쪽 기둥에 뿌렸다. 그것을 다르게 표현하면 그 집 안의 사람들이 피로 '덮였다'고 할 수 있다. 하나님의 말씀을 믿고 양의 피를 문에 뿌린 사람들은 죽음을 면했다. 죽음의 천사가 문에 뿌려진 피를 보고 그 문을 넘어갔기 때문이다. 그 이유는 간단하다! 그 문이 피로 덮여 있었기 때문이다.

속죄일의 피를 보자. 대제사장이 양의 피를 속죄소, 곧 언약궤의 뚜껑 위에 일곱 번 뿌렸다. 그 언약궤 안에는 이스라엘 백성을 정죄하는 십계명이 있고, 속죄소 위에는 하나님이 불꽃 가운데 좌정하고 계셨다. 아래와 위에서 그들의 죄에 대해 부어지는 정죄를 어떻게 해결할 수 있었는가? 그 속죄소 위에 뿌려진 피를 통해 해결할 수 있었는데, 그 피가 그들의 죄를 덮어주었기 때문이다. 그 피 때문에 이스라엘 백성의 죄가 속죄함을 받았다.

그런데 언약궤의 뚜껑, 곧 속죄소는 '덮다'(카파르)의 명사형인 *카포렛*(כַּפֹּרֶת)이다. 아래에서 올라오는 십계명의 정죄를 그 뚜껑이 덮어준 것이며, 따라서 그 뚜껑을 '속죄소'로 의역한 것이다. 그리고 위에서 내려오는 하나님의 정죄는 그 속죄소 위에 일곱 번 뿌려진 피가 덮어준 것이다. 이렇게 이중적인 '덮개' 때문에 이스라엘 백성은 그동안 범한 각종의 죄로부터 용서를 받았다. 그렇다! 속죄일의 피는 그들의 죄를 덮어주었다.

4) '사하다'

구약성경에서 이스라엘 백성의 죄를 피가 덮어주었다. 두말할 필요도 없이 '덮었다'는 표현에는 여전히 죄가 남아있다는 사실을 함축한다. 그러므로 그들은 죄를 지을 적마다 피의 제물로 하나님께 나아와야 했다. 그렇지 않았다면 그들은 일 년에 한 번씩 유월절과 속죄일에 양의 피를 의지할 필요가 없었을 것이다. 유대의 역사가인 요세푸스Flavius Josephus에 의하면, 그리스도 예수가 임하실 무렵에 유월절 제물이 되어 피를 흘리고 죽은 양이 256,500마리나 되었다.

그러나 예수 그리스도의 피는 다르다! 그 피는 죄를 덮는 것이 아니라 사해주는 것이다. 신약성경에서 20여 번 나오는 '사하다'는 표현은 다른 말로는 '씻다'이다. 헬라어에 의하면 '씻다'는 '씻어서 없애다'의 뜻이다. 그러니까 예수 그리스도의 피는 죄를 덮어주는 것이 아니라, 그 죄를 흔적도 남기지 않고 없애준다는 말이다 (행 22:16, 고전 6:11, 딛 3:5, 계 7:14). 다시 말해서, 기억에서조차도 그 죄가 사라졌다는 것이다.

그 사실을 히브리서 저자는 다음과 같이 강조했다. "또 그들의 죄와 그들의 불법을 내가 다시 기억하지 아니하리라 하셨으니, 이것들을 사하셨은즉 다시 죄를 위하여 제사 드릴 것이 없느니라" (히 10:17-18). 구약에서처럼 반복적으로 피의 제물을 드릴 필요가 없게 되었다는 것이다. 그 이유도 분명하다! 예수 그리스도의 피는 과거와 현재와 미래의 모든 죄를 씻어주기 때문이다. 히브리서 저자는 이 사실을 '영원한 속죄'라고 명기했다 (히 9:12).

그분은 한 번 십자가에서 피를 흘리며 죽으셨는데, 한 번이면 충분했다. 구약성경의 반복적인 제사와 다른 사실을 히브리서 저자는 이렇게 묘사했다. "그[예수]는 저 대제사장들이 먼저 자기 죄를 위하고 다음에 백성의 죄를 위하여 날마다 제사 드리는 것과 같이 할 필요가 없으니, 이는 그가 단번에 자기를 드려 이루셨음이라" (히 7:27). 이 말씀에서 '단번에'라는 단어가 나오는데, 영어로는 'once for all'이며 더는 제물이 필요하지 않은 마지막이라는 뜻이다.

어떤 학자는 이 표현을 영단번永單番이라고 번역하므로, 한 번의 죽음으로 죄의 문제가 영원히 해결되었다는 사실을 강조한다. 어떻게 그런 역사가 가능하단 말인가? 그 이유는 예수 그리스도가 십자가에서 죽으며 흘리신 피가 모든 인간의 죗값이었기 때문이다. 그렇지 않다면 그분은 십자가에서 죽으며 '다 이루었다'고 선언하지 못하셨을 것이다 (요 19:30). 그 뜻은 그분의 피로 죄의 값이 다 치러졌기에 지상 사역이 끝났다는 것이다.

신약성경에서 피가 98번 나온다고 이미 언급한 바 있다. 그 중에서 예수 그리스도의 피가 56번 나오는 걸 보면, 역시 그분의 피가 핵심 열쇠이다. 그 피는 무엇보다도 죗값이었다 (행 20:28, 엡 1:7). 두말할 필요도 없이 그분이 흘린 피는 죽음을 뜻했다 (행 5:28, 롬 5:9, 엡 2:13, 계 1:5). 마지막으로 그 피는 제물로 드려진 것을 뜻하기도 했다. "이 예수를 하나님이 그의 피로써 믿음으로 말미암는 화목제물로 세우셨으니…" (롬 3:25a). 그 피가 '화목제물'이었다!

5) 나오면서

유대인에게 피는 말할 수 없이 중요한데, 그 피가 그들의 죄를 덮어주기 때문이다. 이방인들에게도 피는 말할 수 없이 중요한데, 그 피가 그들의 죄를 씻어주기 때문이다. 유대인은 동물의 피를 의지했기에 한계가 있었지만, 이방인은 예수 그리스도의 피를 의지하기에 그런 한계를 뛰어넘었다. 그렇다! 유대인이든 이방인이든 피를 의지하지 않으면 죄의 문제를 결코 해결할 수 없다. 그 죄의 문제를 예수 그리스도의 피를 의지해서 해결하지 못한 사람에게는 죽음과 심판이 있을 따름이다.

6. 해방
7. 속량
8. '의롭다 하심'
9. 화목제물
10. 화목

2부

피를 통한 구원

6
해방

"우리를 사랑하사 그의 <u>피</u>로 우리 죄에서 우리를 <u>해방하시고</u>"

1) 들어가면서

사도 요한은 그의 복음서에서 예수 그리스도가 때가 되면 죽으실 것을 누누이 언급했는데, 자그마치 12번이나 했다 (요 2, 3, 5-13, 17장). 그 예고대로 그분은 잡히시고, 재판받으시고, 그리고 마침내 십자가에 달려 죽으셨다 (요 18~19장). 사도 요한에 의하면, 예수 그리스도는 '다 이루었다'고 선언하신 후 운명하셨다 (19:30). 즉, 요한복음은 처음부터 마지막까지 예수 그리스도의 죽음에 관한 예고와 실제를 묘사한 복음서였다.

사도 요한은 그의 서신에서 예수 그리스도가 이 세상에 오신 목적을 밝혔다. "하나님의 사랑이 우리에게 이렇게 나타난 바 되었으니, 하나님이 자기의 독생자를 세상에 보내심은 그로 말미암아 우리를 살리려 하심이라" (요일 4:9). 그분을 통해 죄인들을 살리려고 오셨다는 것이다! 그러나 사도 요한은 요한계시록에서 비로소 그분이 피를 흘리며 죽으신 목적을 아무도 오해할 수 없도록 분명히 알려주었다.

2) 해방

사도 요한은 예수 그리스도가 *피*를 흘리며 십자가에서 죽으신 목적을 밝혔는데, 성경의 마지막 책에서였다. 만일 그 책에서도 밝히지 않았다면, 많은 사람이 그 피의 목적에 대해서 쉽게 알지 못했을 것이다. "우리를 사랑하사 그의 *피*로 우리 죄에서 우리를 해방하시고" (계 1:5b). 그 목적은 '우리를 해방하시기' 위함이었는데, 얼마나 분명한가? '해방하다'는 헬라어 동사는 류오(λύω)인데, 그 단어가 함축하는 뜻은 제법 다양하다.

그 동사는 '해방하다' 이외에도 '녹이다', '없애다', '풀어주다', '깨뜨리다' 등의 뜻을 갖는다. 이미 살펴본 대로, 예수 그리스도의 피는 우리의 죗값이다. '우리'의 죗값이 치러졌기에 우리는 죄의 종에서 해방되었다. 우리를 붙잡아 매던 죄의 사슬이 깨어져서 우리를 풀어주었다는 것이다. 이처럼 '해방하다', '깨뜨리다', '풀어주다'는 외적으로 묶였던 사슬에서 벗어난 사실을 강조한다.

그런데 죄의 사슬에서 벗어나려면 '우리' 속에서 우리를 좌지

우지하는 죄의 문제가 해결되어야 한다. 다시 말해서, 그 죄가 '녹아서 없어져야 한다.' 불행하게도 한글성경에는 그런 뜻을 모두 함축하는 단어가 없다. 그런 까닭에 "그의 피로 우리 죄에서 우리를 *해방하시고*"라고 번역했다. 그러니까 '죄에서 우리를 해방했다'는 것은 우리 속에 내재하는 죄가 녹아서 없어졌다는 놀라운 사실을 내포하고 있다. 그렇지 않으면 우리가 '죄에서 해방될 수' 없기 때문이다.

첫 아담으로 인해 모든 사람이 죄악 중에 태어나서, 죄와 더불어 살다가, 죄를 안고 죽는다. 아담의 불순종과 죄악이 모든 사람 속에 자리하기 때문이다. 사람 안팎을 지배하는 죄를 없앨 수 있는 인간이나 방법은 없다. 결국, 마지막 아담이신 예수 그리스도가 피를 흘리며 죗값을 치르시지 않으면 안 되었다. 두말할 필요도 없이 그렇게 피를 흘리신 동기는 우리에 대한 사랑이었고, 그 결과는 '우리의 해방이었다.'

사도 요한은 그렇게 피를 흘리며 죽으신 예수 그리스도를 삼중적으로 소개했다: "충성된 증인; 죽은 자들 가운데에서 먼저 나신 분; 땅의 임금들의 머리." 그분은 '충성된 증인'이었는데, 하나님의 뜻을 처음부터 끝까지 말씀으로 증언하셨을 뿐 아니라 마침내 죽음으로 증언하셨다. '증인'의 원뜻에 '순교자'도 포함되는 사실을 인지하면, 그분은 당신의 증언을 위해 순교자처럼 목숨까지 내놓으신 '충성된 증인'이시었다.

그뿐 아니라 예수 그리스도는 '죽은 자들 가운데에서 먼저 나신' 분이다. 신약성경에는 죽었다가 다시 산 사람들이 일곱이나 있었다: 도르가, 유두고, 야이로의 딸, 나인 성에 살던 과부의 아들, 나사로, 그리스도의 부활 후 살아난 성도들 및 예수 그리스도. 그러나 오직 그리스도만이 스스로 부활하셨고, 다시는 죽지 않는 몸으로 부활하셨다. 그런 의미에서 그분은 '죽은 자들 가운데에서 먼저 나신' 분이다.

마지막으로 그분은 '땅의 임금들의 머리'이셨다. 예수 그리스도는 영원 전부터 통치자이시었다. 그러나 그분의 통치력은 신실하게 증언한 결과 피 흘리고 죽었다가 다시 살아나시면서 절정을 이루었다. 그분은 부활을 통해 땅과 하늘과 교회와 성도들을 다스리시는 영원한 주님이시며 통치자가 되신 것이다. 그분이 피를 흘리고 죽지 않으셨다면 부활도 통치도 있을 수 없다. 이처럼 삼중적인 칭호를 가능하게 한 이유는 그분의 피였다.

3) 나라와 제사장과 왕

사도 요한은 요한계시록에서 예수 그리스도가 피를 흘리며 죽으신 목적을 또 알려주었다. 우선 그렇게 알려주신 말씀을 인용해보자. "…일찍이 죽임을 당하시 각 족속과 방언과 백성과 나라 가운데에서 사람들을 피로 사서 하나님께 드리시고, 그들로 우리 하나님 앞에서 나라와 제사장들을 삼으셨으니 그들이 땅에서 왕 노릇 하리로다" (계 5:9-10). 이 말씀은 사도 요한이 하나님의 보좌 앞으로 불리어 올라가서 본 모습을 기록한 것이다.

그분이 '일찍이 죽임을 당하신' 것은 그 피로 세상 사람들을 사시기 위함이었다. 그분은 핏값으로 사람들을 사심으로 그들에 대한 소유권을 갖게 되었다. 다음 장에서 자세히 보겠지만, 이 말씀에서 '사서'는 값을 치른 결과 소유권이 완전히 넘어간 사실을 강조하는 동사이다. 다시 말해서, 예수 그리스도는 그 사람들을 핏값으로 사심으로 그들을 소유한 주인이 되셨다는 것이다. 그들을 소유한 주님은 그들을 다시 하나님께 드렸다.

하나님은 그리스도인들을 그분의 아들에게서 받아서 나라와 제사장과 왕으로 삼으셨다. 그들을 그처럼 존귀한 신분으로 승화시키기 위하여 예수 그리스도는 엄청난 대가를 치르셨는데, 곧 당신의 피였다. 육체와 세상과 사탄의 지배를 받으면서 아무 짝에 쓸모없는 죄인들을 핏값으로 사셔서 그처럼 존귀한 인물들로 삼으셨다. 그 죄인들이 나라와 제사장과 왕이 되다니, 인간적으로는 결단코 가능하지 않은 승화였다.

어떻게 그런 승화가 가능했는가? 그들이 예수 그리스도의 피로 해방된 순간 하나님의 자녀가 되는 승화가 일어났기 때문이다. 하나님을 아버지로 모신 그들은 예수 그리스도와 형제가 된 것이었다. 그 사실을 말씀으로 확인하자. "거룩하게 하시는 이와 거룩하게 함을 입은 자들이 다 한 근원에서 난지라; 그러므로 형제라 부르시기를 부끄러워하지 아니하시고" (히 2:11). 이와 같은 신분의 격상으로 인하여 그들도 예수 그리스도처럼 나라와 제사장과 왕이 된 것이다.

예수 그리스도는 이 세상에서 사역하시는 동안 하나님의 나라이셨다 (눅 17:20-21). 그분은 공생애를 마치고 승천하여 하나님 우편에 앉아계시는데, 그 목적은 제사장의 역할을 감당하기 위함이다 (히 5:5-6). 그분은 신실하게 당신의 핏값으로 사신 성도들과 교회를 위해 기도하신다. 바울 사도의 확언이다. "…그리스도 예수시니, 그는 하나님 우편에 계신 자요, 우리를 위하여 간구하시는 자시니라" (롬 8:34). 그리고 다시 오실 때는 왕으로 오신다 (계 17:14).

4) 재림

예수 그리스도는 '만왕의 왕이요 만주의 주'로 재림하신다 (계 17:14, 19:16). 그분이 재림하시는 모습을 사도 요한은 이렇게 묘사했다. "또 그가 피 뿌린 옷을 입었는데, 그 이름은 하나님의 말씀이라 칭하더라" (계 19:13). 많은 학자가 여기에 나오는 피를 십자가에서 흘린 피로 받아들인다. 그 해석에 의하면, 예수 그리스도가 재림하시는 근거도 역시 그 피 때문이다. 그렇지 않다면 그분이 '피 뿌린 옷을 입고' 재림하지 않으실 것이다.

예수 그리스도가 그렇게 재림하실 때, 그분의 핏값으로 해방된 성도들이 그분과 함께 올 것이다. 그분은 그렇게 오셔서 천년왕국을 건설하시고, 그리고 그 기간에 그 왕국을 다스리실 것이다. 그런데 혼자 다스리는 것이 아니라 성도들과 함께 다스리신다. 그 성도들이 약속대로 왕들이 될 것이기 때문이다. 그 약속을 다시 인용해보자. "그들로 우리 하나님 앞에서 나라와 제사장들을 삼으셨으니, 그들이 땅에서 왕 노릇 하리로다."

그처럼 놀라운 약속이 어떻게 실제로 성취되는지 말씀을 통해 확인하자. "또 내가 보좌들을 보니 거기에 앉은 자들이 있어 심판하는 권세를 받았더라. 또 내가 보니 예수를 증언함과 하나님의 말씀 때문에, 목 베임을 당한 자들의 영혼들과 또 짐승과 그의 우상에게 경배하지 아니하고 그들의 이마와 손에 그의 표를 받지 아니한 자들이 살아서 그리스도와 더불어 천 년 동안 왕 노릇 하니"(계 20:4).

성도들이 이처럼 천년왕국에서 왕 노릇을 할 터인데, 그 이전에는 '나라와 제사장들'이었다. '나라'는 다스림을 함축하며, '제사장들'은 하나님 섬김을 함축한다. 그러니까 나라는 인간에 대한 칭호이지만, 제사장은 하나님에 대한 칭호이다. 성도들은 나라가 되어 자아와 세상과 사탄을 다스릴 뿐 아니라, 하나님과 긴밀하게 교제하는 제사장들이다. 하나님은 그들을 나라와 제사장들의 역할을 감당할 수 있도록 성령의 기름도 부어주신다.

사도 요한이 언급한 '나라'와 '제사장들'은 단수형이 아니라 복수형인데, 그 이유는 신앙공동체를 강조하기 위함인 것 같다.

어떤 그리스도인도 개인적으로 '나라'가 될 수 없을 뿐 아니라, '제사장들'이 될 수 없다. 사도 요한은 그리스도인들의 역할을 복수형으로 소개하므로 신앙공동체의 중요성을 강조했다. 그 이유는 간단하다! 예수 그리스도가 피를 흘리며 죽으신 목적 가운데 하나는 그 피로 해방된 사람들로 신앙공동체, 곧 교회를 일구기 위함이었다.

결국, 예수 그리스도가 핏값으로 사신 교회는 '나라'이며 '제사장들'이다. 그 교회 안에서 다스림, 곧 승리의 삶이 가능하기 때문이다. 그 교회라는 신앙공동체 안에서 그리스도인들은 '왕 같은 제사장들'이 되어 하나님께 나아갈 수 있을 뿐 아니라, 서로를 위해 중보할 수 있다 (벧전 2:9). 하나님의 말씀은 일찍이 그들을 가리켜서 '제사장 나라'라고 했는데 (출 19:6), 그 말씀을 깨달은 사도 요한은 그리스도인들을 '나라'와 '제사장들'이라고 불렀다.

5) 나오면서

사도 요한이 주님과 오랫동안 교제하면서 가장 성숙했을 때 기록한 책이 바로 요한계시록이다. 그 책에서 그 거룩한 노상은 예수 그리스도의 피를 다섯 번이나 언급하면서 그 목적을 명시했다 (계 1:5, 5:9, 7:14, 12:11, 19:13). 그 피로 그리스도인들이 죄에서 해방되었으며, 그들의 옷이 피로 씻겼으며 (계 7:14), 그 피로 그들이 나라와 제사장과 왕이 되었다. 그뿐 아니라, 그 피를 근거로 재림하셔서 천년왕국을 다스리신다. 예수 그리스도의 피를 그렇게 깊이 깨닫고 기록한 사도 요한은 위대한 종이다.

7
속량

"오직 자기의 *피*로 영원한 속죄[속량]를 이루사
단번에 성소에 들어가셨느니라"

1) 들어가면서

속량贖良은 국어사전에서 "몸값을 받고 종의 신분을 풀어 양민
이 되게 하는 일"이라고 정의한다. 그런 정의를 이해하려면 한
자의 뜻과 역사적인 배경도 알아야 한다. 그 이유는 간단하다!
오늘날 대한민국과 같은 민주국가에는 종이 존재하지 않기 때
문이다. 종이 존재하지 않으면 당연히 그 종의 몸값을 주고받으
면서 사고파는 일 자체가 있을 수 없다. 이처럼 일상생활에서
사용되지 않는 속량은 많은 사람에게 낯선 단어일 수밖에 없다.
　하나님의 말씀인 성경에는 속량이 자주 등장한다. 한글성경
에 의하면, 신약성경에서 17번 그리고 구약성경에서 40번씩
각각 나온다. 그런데 헬라어성경에서 사용한 속량이 한글성경

에서는 속량, 대속, 속죄 등으로 번역되기도 했다. 대속으로 번역된 곳은 네 군데나 있고 (마 20:28, 막 10:45, 딤전 2:6, 벧전 1:18), 속죄로 번역된 곳은 한 군데이다 (히 9:12). 심지어는 원어에 없는 데도 대속이란 단어를 첨가한 곳도 있다 (갈 1:4).

2) 속량의 배경

속량이라는 단어는 바울 사도 당시 널리 사용되는 세상의 용어였는데, 후에 그리스도인들도 그 용어를 자주 적용하면서 사용했다. 그 당시 로마제국의 인구 중 약 30%가 종이었다. 따라서 종을 사고파는 일은 너무나 많았으며, 자연히 속량이라는 단어가 쉽게 입에 오르고 내렸다. 그렇다면 누가 종이 되었는가? 가장 자연스러운 방법은 종의 자녀로 태어나서 종이 된 경우이다. 그렇게 종의 가정에서 태어난 자녀들도 부지기수였다.

그다음 경제적인 이유로 종이 된 사람들도 적잖았다. 너무나 가난한 나머지 자신이나 아내나 자녀를 팔아서 남의 종이 된 경우이다. 셋째는 전쟁의 패배로 적군에게 사로잡혀 종이 된 경우이다. 특히 로마제국은 그 당시 최강국으로 그 군대가 가는 곳마다 승전했다. 따라서 그 군대는 많은 전리품을 챙겼는데, 그 가운데 젊은 남녀는 값진 전리품이었다. 남자들에게는 노역을 위해서, 그리고 여자들은 성 노리개로 팔아먹기 위해서였다.

어떤 연유로든 일단 종이 된 사람들은 그들의 신분에서 벗어날 수 없었다. 누군가가 그들을 위해 몸값을 내주어야 하기 때문이다. 누가 그런 종들을 위해 몸값을 내고 자유를 선사하겠는가? 물론 예외가 전혀 없었던 것은 아니다. 그들 가운데 검투사가 되어 혁혁한 공을 세우면 황제의 특명으로 자유가 주어지기도 했다. 그러나 그런 싸움에서 살아남은 사람은 몇 되지도 않았을 뿐 아니라, 황제로부터 자유를 얻은 검투사는 가뭄에 콩 나듯이 드물었다.

흥미롭게도 포로가 되어 종이 된 사람들 가운데는 특별한 사람들이 있었다. 그들은 종으로 부려먹을 만큼 강건하지도 않고 나이도 많았다. 닥치는 대로 적국의 군인들과 민간인들을 나포하면서 그런 사람들도 섞이게 되었다. 그런데 그들 가운데는 제법 품위가 있는 사람들도 있었다. 수단 방법을 가리지 않고 소득을 올리려는 로마 군인들이 그들을 조사하면서, 그들의 고국에서는 뛰어난 인물들이라는 사실을 알게 되었다.

비록 종으로서는 가치가 없지만, 그들이 살았던 고국에서는 가치가 높은 인물들이었다. 로마 군인들은 주저하지 않고 그 종들의 고국에 있는 사람들에게 그 인물들에 대해 알렸고, 그 사람들이 적절한 금액을 내면 그 포로들을 돌려보내겠다고 통보했다. 고국에 있는 사람들은 어떤 방법으로든 그들이 존경하는 인물들을 위해 그 금액을 마련해서 보냈다. 군인들에게는 쓸모없는 종이었지만, 몸값을 톡톡히 받고 돌려보냈다. 그 몸값이 바로 '속량'이다.

속량은 그 당시 사회에서 너무나 중요한 단어가 되었는데, 종들이 그들의 신분에서 벗어나고 싶었기 때문이었다. 그 종들 가운데서 많지는 않지만 그래도 자유를 얻은 사람들도 없잖아 있었다. 어떤 종들은 오랫동안 조금씩 저축해서 자신의 자유를 사기도 했고, 어떤 종들은 제법 부유한 친척이나 친구가 몸값을 내주어 자유를 얻었다. 어떤 종들은 선량한 주인이 긍휼과 은혜를 베풀어서 자유를 주기도 했다.

'속량'의 헬라어는 류트론(λύτρον) 어군語群인데, 한글로는 '대속물'로 번역되었는가 하면 (마 20:28, 막 10:45), 위에서 언급한 것처럼 '대속', '속죄' 등으로 번역되었다. 구태여 영어로 바꾸면 redemption(속량), to redeem(속량하다), a ransom(속전) 등으로 번역된다. 한글로 번역된 '대속물'보다는 영어 번역인 a ransom이 더 원어에 가깝다. 그 이유는 너무나 자명하다. 예수 그리스도의 피는 죗값, 곧 속전이었기 때문이다.

3) 예수 그리스도의 속량

비록 사람이 사회적 신분으로는 종이 아닐지라도, 그래도 영적 신분은 종이다. 하나님의 불꽃 같은 눈앞에서 떳떳한 사람은 있을 수 없다. 바울 사도는 사람을 한 마디로 이렇게 묘사했다. "모든 사람이 죄를 범하였으매 하나님의 영광에 이르지 못하더니" (롬 3:23). 하나님 앞에서 죄인이 아닌 사람은 없다는 선언이다. 죄인이라는 묘사를 달리 표현하면 악하다는 말이기도 하다. 그렇다면 사람은 얼마나 악한가?

손을 씻지 않고 떡을 먹는 제자들을 바리새인들이 비난하자, 예수님은 이렇게 응수하셨다. "입으로 들어가는 모든 것은 배로 들어가서 뒤로 내버려지는 줄 알지 못하느냐? 입에서 나오는 것들은 마음에서 나오나니, 이것이야말로 사람을 더럽게 하느니라. 마음에서 나오는 것은 악한 생각과 살인과 간음과 음란과 도둑질과 거짓 증언과 비방이니, 이런 것들이 사람을 더럽게 하는 것이요 씻지 않은 손으로 먹는 것은 사람을 더럽게 하지 못하느니라"(마 15:17-20).

사람이 얼마나 악한지 그의 마음에서 '악한 생각과 살인과 간음과 음란과 도둑질과 거짓 증언과 비방'을 내뱉는다는 것이다. 이런 악한 것들에 전혀 연루되지 않는 사람은 없다. 한마디로 말해서, 사람은 악하다! 모든 사람이 죄인이라는 말이다. 그런 악과 죄로 인해 사람은 겉으로는 자유로우나 실제로는 죄의 종이다. 죄의 종은 필연적으로 세상의 종이 되기도 하고 사탄의 종이 되기도 한다. 그러므로 사람은 내적으로 로마 시대의 종보다 나을 것이 없다.

로마의 종이 그의 노력으로 자유를 얻을 수 없는 것처럼, 죄의 종도 역시 스스로 자유를 얻을 수 없다. 그러므로 죄의 종은 하나님의 도움을 받아야 한다. 하나님은 죄의 종인 사람에게 자유를 선사하시기 위해 그 죄의 값, 곧 '속전'을 내셨다. 죗값을 내지 않으면 어떤 사람도 종의 신분에서 자유를 얻을 수 없기 때문이다. 그래서 하나님은 독생자이신 예수 그리스도로 십자가에서 피를 쏟으며 죽게 하셨다. 그분의 피가 바로 우리의 속량, 곧 죗값이 되었다.

히브리서 저자는 그 죗값의 효능을 이렇게 묘사했다. "염소와 송아지의 피로 하지 아니하고, 오직 자기의 피로 영원한 속죄를 이루사 단번에 성소에 들어가셨느니라"(히 9:12). 이 말씀에 번역된 '속죄'는 헬라어에 의하면 '속량'이다. '영원한 속죄'는 과거와 현재와 미래의 모든 죄에 대한 죗값으로 예수 그리스도가 피를 흘리셨다는 것이다. 그렇다! 그분의 피는 영원한 죗값이기에, 그 영원 안에 있는 죄인은 누구든지 자유를 얻을 수 있다.

바울 사도는 이렇게 죗값인 예수 그리스도의 피를 설명하면서 중요한 가르침을 더했는데, 우선 그 말씀을 인용해보자. "그가 모든 사람을 위하여 자기를 대속물로 주셨으니 기약이 이르러 주신 증거니라"(딤전 2:6). 여기에서 '대속물'은 한글성경 신약에 나오는 셋 중 하나이다. 그런데 마태복음 20장 28절과 마가복음 10장 45절에 나오는 '대속물'은 위에서 언급한 대로, 속량 곧 속전이다. 헬라어도 똑같은 류트론이다.

그러나 디모데전서 2장 6절의 '대속물'은 헬라어에서 류트론 앞에다 '대신에'를 뜻하는 안티(ἀντί)를 더했다. 그러므로 '대신 갚은 죗값'이 된다. 얼마나 놀라운 표현인가? 불행하게도 한글성경에서는 그런 의미를 드러내지 못한다. 그렇다! 예수 그리스도가 십자가에서 흘리신 피는 죄의 종들을 *대신해서* 갚으신 죗 값이었다. 어떤 종이든 그 피를 의지해서 하나님께 나오면 죄를 용서받아 자유를 얻는 것이다. 이것이 복음이 아니면 무엇이란 말인가?

4) 소유권의 이전

그리스도인들은 예수 그리스도의 핏값으로 자유를 얻었다. 이 자유는 어떤 사람이나 조직도 제한할 수 없는 자유이다. 바울 사도의 확언이다. "그리스도께서 우리를 자유롭게 하려고 자유를 주셨으니, 그러므로 굳건하게 서서 다시는 종의 멍에를 메지 말라" (갈 5:1). 이런 자유는 영적 자유이고 죄로부터의 자유이며, 따라서 그리스도인들은 이런 자유를 만끽하는 사람들이다. 물론 그 자유를 이용해서 '육체의 기회로 삼으면' 안 되지만 말이다 (갈 5:13).

예수 그리스도의 값비싼 대가로 얻은 자유이기에 사람들의 종이 되어서는 아니 된다고 바울 사도는 힘주어서 말한다. "너희는 값으로 *사신* 것이니 사람들의 종이 되지 말라" (고전 7:23). 오히려 그렇게 사신 바 된 몸으로 하나님의 영광을 위해 살아야 한다. "값으로 산 것이 되었으니 그런즉 너희 몸으로 하나님께 영광을 돌리라" (고전 6:20). 위의 두 인용문에서 똑같이 사용된 '사다'라는 동사를 눈여겨보자.

이 동사는 류트루라는 동사와 교차해서 사용할 수 있을 정도로 뜻이 유사하지만, 강조점은 다르다. 이 동사 *아고라조*(ἀγοράζω)는 소유권이 넘어간 것을 강조한다. *아고라*는 시장을 뜻하는데, 시장에서 물건값을 내면 그 물건은 산 사람의 소유가 된다. 왜 바울 사도는 류트루와 *아고라조*를 번갈아서 사용했는가? 죗값을 뜻하는 예수님의 피를 강조할 때는 전자를 사용했고, 그 핏값을 통해서 소유권이 넘겨진 사실을 강조할 때는 후자를 사용했다.

그리스도인들도 죄의 종이었는데, 예수 그리스도의 핏값으로 자유를 얻었다. 그런데 그렇게 자유를 얻는 순간 그들의 소유권이 넘어갔다. 그 전에는 죄와 세상과 사탄이 그들을 소유하고 있었다. 그들은 시시때때로 죄를 지으면서 죄의 종노릇을 했고, 세상의 물결에 끌려다니는 세상의 종이었고, 사탄의 유혹에 넘어가는 사탄의 종이었다. 그런데 예수 그리스도가 그들을 사심으로 그들은 자유를 얻었다.

그러나 동시에 그들의 소유권이 그들을 핏값으로 사신 그분에게 넘겨진 것이다. 그분이 그들의 주님이 되셨다는 말이다. 그들은 사람과 조직의 종은 아니지만, 주님의 종이 된 것이다. 그들의 몸으로 하나님께 영광을 돌리는 삶을 살게 된 것이다. 얼마나 놀랍고도 혁혁한 변화인가! 그들을 그렇게 종으로 삼으셨다는 것은 그들의 삶을 그분이 책임지신다는 뜻도 포함된다. 그때부터 그분은 그들을 존귀한 보물처럼 애지중지愛之重之하신다.

얼마나 감사한 일인가!

5) 나오면서

　종의 신분에서 벗어나 자유인이 되려면 값이 필요하다. 마찬가지로 죄의 종에서 벗어나 자유인이 되기 위해서 값이 필요하다. 그런데 그 값은 얼마나 비싼지 인간의 한계를 넘는다. 그 값은 하나님이 받으셔야 하는데, 하나님이 받으시는 값은 예수 그리스도의 죗값, 곧 '속량'뿐이다. 그분은 당신의 생명인 피를 죗값으로 내주심으로 그리스도인들에게 자유를 주셨다. 그 핏값으로 그들의 소유권은 전적으로 그분에게 옮겨짐으로, 그분이 그들의 삶을 책임지신다.

8
'의롭다 하심'

"이제 우리가 그의 *피*로 말미암아 <u>의롭다 하심</u>을 받았으니"

1) 들어가면서

한글성경 신약에서 "속량"이 17번 나오는데, '의롭다 하심'도 역시 17번 나온다. 문자적으로는 19번 나오지만, 그중 2번은 다른 뜻으로 사용되었다 (행 13:39a, 롬 2:13). '의롭다 하심'은 두 단어인데, 하나는 '의롭다'이고 다른 하나는 '하심'이다. '하심'이 존칭어로 사용된 것은 '의롭다'고 '하시는' 분이 다름 아닌 하나님이시기 때문이다. 달리 말하면, 죄인을 '의롭다'고 선언하실 수 있는 분은 하나님밖에 없다는 말이다.

'의롭다 하심'은 전문적 용어로는 '칭의'稱義, '의인'義認, '이신득의'以信得義, '이신칭의'以信稱義 등으로도 표기된다. '의롭다 하심'이라는 하나님의 말씀을 경험하면 삶이 통째로 바뀐다. 역사적으로 가장 혁혁한 실례는 마르틴 루터^{Martin Luther}이다. 구교 가톨릭의 신부였던 그가 '의롭다 하심'을 경험하자 그의 삶이 변화되었을 뿐만 아니라, 세계를 뒤흔든 종교개혁을 일구어내기도 했다. 그 결과 개신교가 탄생하였고, 그런 역사적인 이유로 '의롭다 하심'은 개신교의 핵심 진리가 되었다.

2) 공의의 하나님

하나님이 이스라엘 백성에게 율법, 곧 *토라*(תּוֹרָה)를 주시기 전에는 공의^{justice}가 거의 없었다. 물론 민족마다 법이 있었지만, 그 법이 시행되는 과정에서 많은 비리가 있었다. 예를 들면, 권력자나 부자의 잘못은 적당히 넘어가지만, 서민들이나 종들의 잘못은 혹독한 심판을 받았다. 그러던 중 이스라엘 백성에게 주어진 *토라*를 통해 하나님의 기준이 세워졌다. 그 *토라*에 의하면 신분의 고하를 막론하고 잘못에 대해 심판을 받았는데, 그것이 하나님의 공의였다.

토라 중 한 곳을 보자. "사람들 사이에 시비가 생겨 재판을 청하면, 재판장은 그들을 재판하여 의인은 의롭다 하고 악인은 정죄할 것이며"(신 25:1). 그렇다! 의인이 아니라 악인이 정죄를 받아야 한다. 재판장이 공의롭게 재판해야 하는 이유는 *토라*의 명령 때문이고, 한발 더 나아가서 궁극적으로 하나님이 재판장이시기 때문이다. 아브라함은 하나님이 세상을 심판하시는 분

이라고 고백했다. "…세상을 심판하시는 *이*가 정의를 행하실 것이 아니니이까?"(창 18:25).

토라를 더 인용해보자. "네 눈이 긍휼히 여기지 말라; 생명에는 생명으로, 눈에는 눈으로, 이에는 이로, 손에는 손으로, 발에는 발로이니라"(신 19:21). 얼른 보기에는 혹독한 법으로 여겨질 수 있으나, 자세히 보면 하나님의 공의를 보여준 *토라*이다. 권력자나 부자도 죄를 범하면 그 죄에 해당하는 심판을 받아야 한다는 뜻이다. 반면, 힘없는 서민이나 종도 그들이 범한 죄 이상으로 과도하게 심판받아서는 안 된다는 뜻이다.

하나님의 토라에 따르면, 죄를 범한 사람은 그 토라에 명시된 대로 심판을 받아야 한다. 그것이 하나님의 공의이다! 그런데 불행하게도 하나님의 공의라는 잣대로 볼 때 떳떳한 사람은 없다. 바울 사도의 진단이다. "의인은 없나니 하나도 없으며"(롬 3:10). 그렇다! 인간은 너나없이 죄인이다. '의'는 생각이나, 느낌이나, 말이나, 행위에서 완전한 상태를 가리킨다. 어떻게 인간이 그렇게 완전할 수 있는가? 물론 없다!

인간의 의는 고작해야 냄새나고 더러운 옷과 같다. 이사야 선지자의 진단이다. "무릇 우리는 다 부정한 자 같아서 우리의 *의*는 다 더러운 옷 같으며, 우리는 다 잎사귀 같이 시들므로 우리의 죄악이 바람 같이 우리를 몰아가나이다"(사 64:6). 인간의 *의*는 하나님 앞으로 인도하기는커녕 그분으로부터 멀어져가게 한다. 그리고 마침내는 의로우신 하나님의 공의에 따라 심판을 받는데, 그 심판은 마지막 날에 이루어질 것이다.

　종말의 심판은 죄인들의 행위에 따른 공정한 심판이 될 것이다. 바울 사도도 그런 심판에 대해 이렇게 분명히 선언했다. "다만 네 고집과 회개하지 아니한 마음을 따라 진노의 날 곧 하나님의 의로우신 심판이 나타나는 그 날에 임할 진노를 네게 쌓는도다. 하나님께서 각 사람에게 그 행한 대로 보응하시되" (롬 2:5-6). 그날 하나님은 은밀한 것을 다 드러내시고, 그리고 토라에 따라 심판하실 것이다 (롬 2:16). 하나님의 토라가 심판의 기준이기 때문이다.

3) 심판의 하나님

　공의의 하나님은 죄에 대해 반드시 심판하시는데, 토라에서 실례를 찾아보자. "그러나 만일 어떤 사람이 그의 이웃을 미워하여 엎드려 그를 기다리다가 일어나 상처를 입혀 죽게 하고 이한 성읍으로 도피하면, 그 본 성읍 장로들이 사람을 보내어 그를 거기서 잡아다가 보복자의 손에 넘겨 죽이게 할 것이라. 네 눈이 그를 긍휼히 여기지 말고 무죄한 피를 흘린 죄를 이스라엘에서 제하라; 그리하면 네게 복이 있으리라" (신 19:11-13).

　피 흘린 자는 반드시 죽어야 하는 것이 토라의 가르침이다. 토라의 심판이 이처럼 무서운데, 마지막 때에 하나님이 인간을 심판하시는 날, 그 심판을 피할 수 있는 인간은 결코 없다. 그 이유는 간단하다! 인간은 속속들이 죄인이기 때문이다. 인간은 살인의 전초인 미움을 품에 품었으며, 음욕을 머릿속에 두었다. 하나님은 말씀을 통해 "형제를 미워하는 자마다 살인자"라고 하셨고 (요일 3:15), "마음으로 음욕을 품은 자마다 이미 간음했다"고 진단하셨다 (마 5:28).

그렇다면 누가 그 하나님 앞으로 나아올 수 있겠는가? 물론 하나도 없다! 하나같이 공의로운 심판을 받아 죽어야 하고, 그리고 지옥으로 던져져야 한다. 공의의 하나님은 죄인을 심판하시지 않으면 안 되었는데, 그렇지 않다면 그분의 공의가 깨어지기 때문이다. 그런데 하나님은 그분의 지혜를 발휘하셔서 죄 된 인간을 다른 방법으로 심판하시므로 그 인간이 지옥으로 던져지지 않을 수 있는 길을 열어놓으셨다.

하나님은 인간을 대신해서 당신의 아들 예수 그리스도를 심판하셨다. 그분이 십자가에서 피를 흘리며 죽으시면서 죄인의 죗값, 곧 속량이 되셨다. 달리 표현하면, 그분이 인간을 대신하여 피를 흘리셨다는 것이다. 그 피를 통해 인간이 심판을 면할 뿐 아니라, 모든 죄가 사해진다는 것이다. 바울 사도의 말을 빌려보자. "그러면 이제 우리가 그의 피로 말미암아 '의롭다 하심'을 받았으니, 더욱 그로 말미암아 진노하심에서 구원을 받을 것이니" (롬 5:9).

이 말씀에는 두 가지 엄청나게 중요한 사실이 들어있다. 하나는 그분의 피로 인하여 죄인이 '의롭다 하심'을 받는다는 것이다. 모든 죄가 사함을 받는다면 당연히 그 사람에게는 더는 죄가 있지 않게 된 것이다. 소극적으로는 죄가 없어지지만, 적극적으로는 의로워진다는 것이다. 두말할 필요도 없이 그 사람이 의로워진 게 아니라, 하나님이 그를 의롭다고 여겨주신 것이다. 그 이유는 간단하다! 예수 그리스도가 그를 대신해서 *토라*에 따라 심판받으셨기 때문이다.

의로운 재판장인 하나님이 의롭다고 선언하시는데, 그것은 '법적 선언'이다. 이제부터는 어떤 *토라*의 정죄도 받을 이유가 없게 되었다. 하나님이 마지막 날 인간을 심판하실 때에도 그는 그 심판대 앞에 나아와야 할 이유가 없게 되었다. 그런 사실─두 번째 중요한 사실──을 바울 사도는 이렇게 선포했다. "더욱 그로 말미암아 진노하심에서 구원을 받을 것이니." 이 말씀에서 '진노하심'은 마지막 날에 있을 심판을 뜻하는데, 그 심판에서 구원을 받게 된다는 것이다.

'의롭다 하심'을 경험한 사람은 삶이 통째로 바뀐다고 앞에서 언급했다. 만일 삶이 바뀌지 않았다면 십중팔구 그는 이론적으로만 '의롭다 하심'을 인정한 꼴이 된다. 야고보는 삶이 바뀌지 않으면, 그것은 진정한 의미에서 '의롭다 하심'이 아니라고 선언하면서 아브라함을 예로 들었다. 비록 그가 믿음으로 의롭다 하심을 받았지만 (창 15:6), 그의 사랑하는 외아들, 이삭을 제단에 바침으로 진정한 의미에서 '의롭다 하심'을 받았다는 것이다 (약 2:21-24).

그러니까 '의롭다 하심'은 과거와 현재와 미래를 아우르는 놀라운 경험이다. 예수 그리스도가 인간이 받을 심판을 대신 받고 피를 흘리신 사실 때문에 의롭다 하심을 받은 것은 과거의 역사이다. 그 경험이 삶으로 연결되는 것은 현재의 역사이다. 그렇지만 마지막 날, 다시 말해서, 하나님의 의로운 심판의 날에 '의롭다 하심'을 경험했기에 그 심판을 받지 않는다는 것은 미래의 역사이다.

4) 사랑의 하나님

인간을 대신해서 당신의 아들을 십자가에서 피를 흘리며 죽게 하신 하나님의 심판은 참으로 혹독했다. 그러나 그 죽음을 통해 '의롭다 하심'을 받은 인간 편에서는 하나님의 사랑이라고밖에 달리 설명할 수 없다. 그러니까 그 아들을 심판하신 것은 한편 하나님의 거룩한 공의의 표현이지만, 또 한편 사랑의 표현이다. 그 십자가에서 하나님의 공의와 사랑이 서로 입맞추었던 것이다 (시 85:10).

그렇다면 그처럼 큰 사랑으로 모든 죄인이 저절로 '의롭다 하심'을 경험하는가? 물론 아니다! 각자가 그 사랑을 감사함으로 받아들여야 한다. 그렇게 받아들이는 매개가 바로 '믿음'이다. 바울 사도의 확언이다. "그러므로 우리가 믿음으로 의롭다 하심을 받았으니, 우리 주 예수 그리스도로 말미암아 하나님과 화평을 누리자"(롬 5:1). 과거에 믿음으로 '의롭다 하심'을 받았으니, 현재에 하나님과 화평을 누려야 한다는 것이다.

죄인이 그 대신에 피를 흘리고 죽으신 예수 그리스도를 믿어 '의롭다 하심'을 경험하는 순간, 그는 하나님이 의로우신 것처럼 의로워졌다고 하나님이 선언을 하셨다. 그 선언은 재판장의 '법적 선언'이었다. 쉽게 말해서 하나님의 의가 그의 의가 된 것인데, 그것을 전가imputation라 한다. 바울 사도의 말이다. "그런즉 한 범죄로 많은 사람이 정죄에 이른 것 같이, 한 의로운 행위로 말미암아 많은 사람이 의롭다 하심을 받아 생명에 이르렀느니라"(롬 5;18).

이 말씀에서 바울 사도는 이중적인 전가轉嫁를 가르치는데, 하나는 아담의 전가이고 또 하나는 예수 그리스도의 전가이다. 아담의 죄와 심판이 모든 사람에게 전가되었으나, 예수 그리스도의 피와 죽음이 많은 사람으로 '의롭다 하심'을 경험하게 했다. 이미 언급한 것처럼, 하나님의 의가 믿은 자들의 의가 된 것이다. 그뿐 아니라, 예수 그리스도의 부활과 생명이 믿은 자들의 부활과 생명이 된 것이다. 이처럼 '의롭다 하심', 부활 및 생명을 전가해주셨다.

이처럼 큰 은혜는 하나님의 무조건적인 사랑이 있기에 가능하다. 비록 하나님의 공의로 인간이 심판을 받을 수밖에 없지만, 당신의 아들에게 그처럼 혹독한 심판을 퍼부으심으로 인간으로 값없이 '의롭다 하심'을 받게 하신 하나님의 사랑은 참으로

높고, 깊고, 길고, 넓다. 그런 까닭에 '의롭다 하심'은 개신교의 핵심 진리이다. 지금도 때와 장소를 가리지 않고 그 경험을 사람들에게 허락하시는 하나님의 은혜는 놀라울 뿐이다.

5) 나오면서

하나님은 당신의 공의에 따라 죄인들을 심판하시는 재판장이시다. 그 공의 앞에서 심판을 피할 수 있는 사람은 없다! 그러나 하나님은 그 공의대로 당신의 아들을 심판하셨는데, 그 심판은 인간을 대신한 심판이었다. 죄인인 인간이 그분의 심판을 그의 것으로 받아들이면, 재판장이신 하나님은 그를 의롭다고 선언하신다. 그 선언은 '법적 선언'이지만, 그 시점에서 죄인은 하나님의 약속대로 변화를 경험한다. 그가 하나님처럼 '의롭다 하심'을 받았기 때문이다.

9
화목제물

"그의 피로써 믿음으로 말미암는 <u>화목제물</u>로 세우셨으니"

1) 들어가면서

한글성경 신약에서 화목제물이라는 단어는 세 번 나오는데, 헬라어성경에는 좀 더 많이 나온다. 헬라어성경에는 명사형으로 4번 나오고, 동사형으로 2번 나온다. 같은 헬라어가 한글로 번역될 때는 문맥에 따라 다른 단어들이 사용됐는데, 세 번은 화목제물로 (롬 3:25, 요일 2:2, 4:10), 한 번은 속죄소로 (히 9:5), 그리고 두 번 나오는 동사는 '불쌍히 여기소서' (눅 18:13)와 '속량하다' (히 2:17)로 각각 번역되었다.

이 단어의 명사형은 헬라어로 힐라스테리온(ἱλαστήριον)이고, 동사형은 힐라스코마이(ἱλάσκομαι)이다. 결국, 명사형과 동사형은 같은 어근語根에서 파생되었기에 그 의미는 같다. 이 단어들이 문맥에 따라 달리 번역되었는데, 어떤 번역은 옳으나 어떤 번역은 옳지 않다. 특히 '속량하다'로 번역한 것은 그 의미가 전혀 다르기에 오역이라 할 수 있다. 그러나 '속죄소'로 번역한 것은 깊은 성찰의 결과물이라 할 수 있을 것이다.

2) 하나님의 진노

하나님은 언제나 거룩하신 분으로, 인간이 만든 신들과는 전혀 다르다. 그들은 멋대로 진노했다가 멋대로 풀곤 한다. 그러나 거룩하신 하나님은 도덕적인 분이시다. 그분의 도덕적 기준은 그분이 유대인들에게 내려주신 *토라*에 들어있다. 만일 유대인이 그 *토라*의 법을 깨뜨리면, 그는 죄인이 된다. 거룩한 하나님은 즉시 그 죄인과 죄에 대해 진노하신다. 죄와 진노의 관계를 알려주는 말씀을 인용해보자.

"이제 내가 속히 분을 네게 쏟고 내 *진노*를 네게 이루어서 네 행위대로 너를 심판하여 네 모든 *가증한* 일을 네게 보응하되, 내가 너를 불쌍히 여기지 아니하며 긍휼히 여기지도 아니하고 네 행위대로 너를 벌하여 너의 가증한 일이 너희 중에 나타나게 하리니, 나 여호와가 때리는 이임을 네가 알리라" (겔 7:8-9). 유대인들이 행한 가증한 일에 대해 하나님이 반드시 분과 진노를 쏟으시겠다는 엄중한 경고였다.

도대체 하나님은 어떤 가증한 일에 대해 진노하시는가? *토라*

는 하나님의 진노를 일으키는 가증한 일들을 제법 상세히 알려준다. "내가 또 간음하고 사람의 피를 흘리는 여인을 심판함 같이 너를 심판하여 *진노의 피와 질투의 피*를 네게 돌리고"(겔 16:38). 간음과 피 흘린 죄에 대해 진노하시겠다는 것이다. 특히 피를 흘린 가증한 일에 대해서는 피로 갚으시겠다고 너무나 분명히 말씀하셨다 (신 19:12-13).

그렇다고 간음에 대해서는 가볍게 여기셨는가? 물론 아니다! 그 가증한 일에 대한 말씀이다. "그가 그의 음행을 더하여 젊었을 때 곧 애굽 땅에서 행음하던 때를 생각하고, 그의 하체는 나귀 같고 그의 정수는 말 같은 음란한 간부를 사랑하였도다"(겔 23:19-20). 그렇게 진단한 이유는 그에 대한 진노가 따랐다는 사실을 알려주기 위해서였다. "내가 너를 향하여 질투하리니…네 코와 귀를 깎아 버리고…네 자녀를 빼앗고 그 남은 자를 불에 사르며"(겔 23:25).

가증한 일의 목록은 끝이 없이 많고도 다양했는데, 그중에서 폭행 (겔 8:17-18) 및 탐욕과 거짓 (렘 6:11-13)에 대해서는 하나님의 엄중한 진노가 따랐다. 그러나 무엇보다도 하나님의 진노를 일으킨 죄는 우상 숭배였다. "너희는 다른 신들 곧 네 사면에 있는 백성의 신들을 따르지 말라. 너희 중에 계신 너희의 하나님 여호와는 질투하시는 하나님이신즉 너희의 하나님 여호와께서 네게 진노하사 너를 지면에서 멸절시키실까 두려워하노라" (신 6:14-15).

하나님의 진노는 유대인에 대해서만 부어졌는가? 물론 아니다! 바울 사도의 선언을 들어보자. "하나님의 *진노*가 불의로 진리를 막는 사람들의 모든 경건하지 않음과 불의에 대하여 하늘로부터 나타나나니, 이는 하나님을 알 만한 것이 그들 속에 보임이라"(롬 1:18-19). 이 선언에서 '경건하지 않을' 뿐 아니라 '불의한' 사람들은 이방인들을 가리킨다. 그러니까 이방인들도 그들의 잘못에 대한 하나님의 진노를 피할 수 없다는 것이다.

한발 더 나아가서, 예수 그리스도는 믿음을 거부하면서 순종하지 않는 사람들에게 하나님의 진노가 있으리라는 사실을 분명히 말씀하셨다. "아들을 믿는 자에게는 영생이 있고, 아들에게 순종하지 아니하는 자는 영생을 보지 못하고 도리어 하나님의 *진노*가 그 위에 머물러 있느니라"(요 3:36). 이 말씀을 통해 하나님의 진노를 받을 사람은 어떤 특정한 사람들만이 아니라, 모든 불신자도 해당한다는 사실을 알 수 있다.

하나님의 마음에 자리하던 진노가 표출하면 심판이 시행된다. 그런데 하나님이 진노를 즉각적으로 표출하시지 않는 이유는 사람들이 잘못으로부터 돌이켜서 심판을 면할 수 있게 하기 위해서이다. 하나님은 죄인들에게 긍휼을 베푸시는 사랑의 하나님이시기 때문이다. 선지자 미가의 확신이다. "주와 같은 신이 어디 있으리이까? 주께서는 죄악과 그 기업에 남은 자의 허물을 사유하시며 인애를 기뻐하시므로 *진노*를 오래 품지 아니하시나이다"(미 7:18).

3) 속죄소

헬라어인 *힐라스테리온*의 번역은 일차적으로 화목제물인데, 위에서 언급한 것처럼 이차적으로는 속죄소이다 (히 9:5). 그런데 속죄소는 일명 시은좌^{施恩座}, 곧 은혜를 베푸는 자리이다. 구태여 영어로 바꾸면 mercy-seat이다. 속죄소는 성막의 가장 깊은 곳에 있는 지성소에 자리하는 언약궤의 뚜껑이다. 그 뚜껑에 잇대어 두 그룹이 날개를 펴고 얼굴을 마주 대한 채 뚜껑을 향하고 있었다 (출 25:17-20).

속죄소라 불리는 그 뚜껑은 '덮는다'는 히브리어 동사 *카파르*(כָּפַר)의 명사형인 *카포렛*(כַּפֹּרֶת)이다. 그렇다면 그 뚜껑이 속죄소라고 불린 이유는 무엇인가? 그 뚜껑이 하나님의 진노를 덮어주고 있었기 때문이다. 언약궤 안에는 십계명이 기록된 두 돌판이 들어있었는데, 어떤 유대인도 그 십계명의 명령에서 완전히 자유로울 수 없었다. 그 이유는 너무나 분명한데, 어떤 유대인도 항상 십계명을 지킬 수 없었기 때문이다.

십계명을 깨뜨린 유대인들이 거룩하신 하나님 앞으로 나오려 할 때 두말할 필요도 없이 하나님은 진노하신다. 그 진노를 덮어주는 것이 바로 속죄소였다. 더군다나 그 속죄소 위와 두 그룹 사이에 빛으로 임하신 하나님은 그들이 그 앞으로 나아올 때 그분의 진노는 이루 말할 수 없이 컸다 (출 25:22). 하나님은 불꽃 같은 눈으로 그들이 범한 악행을 하나도 빠짐없이 알고 계시기 때문이다.

그런데 대제사장이 그 백성을 대신해서 죽은 양이나 염소의 피를 그 속죄소 위에 일곱 번 뿌렸다. 유대인들이 그동안 범한 죄들에 대한 하나님의 진노를 덮기 위해서였다. 결국, 그 속죄소는 아래로 십계명을 깨뜨리므로 생긴 하나님의 진노를 덮었을 뿐 아니라, 위로 그들이 범한 많은 죄에 대한 하나님의 진노를 덮었다. 하나님의 진노를 덮는 방법은 그 위에 뿌려진 양의 피였다. 죄의 값인 피가 속전, 곧 *코페르*(כֹּפֶר)라고 하는 것은 자연스럽다.

4) 화목제물

유대인들을 위하여 양이나 염소의 피가 하나님의 진노를 덮은 것처럼, 그래서 하나님의 진노를 피한 것처럼, 세상 사람들에 대한 하나님의 진노는 화목제물인 예수 그리스도의 피였다. 사도 요한은 그 사실을 이렇게 분명히 선언했다. "그는 우리 죄를 위한 화목제물이니, 우리만 위할 뿐 아니요, 온 세상의 죄를 위하심이라"(요일 2:2). 예수 그리스도는 온 세상의 죄인들을 향한 하나님의 진노를 풀어주셨나.

어떻게 풀어주셨는가? 그 해답도 사도 요한은 제시했다. "사랑은 여기 있으니 우리가 하나님을 사랑한 것이 아니요, 하나님이 우리를 사랑하사 우리 죄를 속하기 위하여 화목제물로 그 아들을 보내셨음이라"(요일 4:10). 하나님은 진노 중에도 죄인들을 향한 긍휼과 사랑으로 참고 오랫동안 기다리시다가 마침내 그분의 독생자를 보내셨는데, 그냥 보내신 것이 아니라 화목제물로 보내셨다. 다시 말해서 하나님의 진노를 풀어주기 위해 보내셨다.

바울 사도는 한발 더 나아가서 예수 그리스도의 피가 화목제물이라고 덧붙여서 설명했다. 그의 말을 인용해보자. "이 예수를 하나님이 그의 *피*로써 믿음으로 말미암는 *화목제*물로 세우셨으니, 이는 하나님께서 길이 참으시는 중에 전에 지은 죄를 간과하심으로 자기의 의로우심을 나타내려 하심이니"(롬 3:25). 유대인들을 위해서는 동물의 피가 뿌려져서 하나님의 진노를 덮었으나, 이제는 예수 그리스도의 피가 온 세상의 죄인들을 향한 하나님의 진노를 풀었던 것이다.

그분이 죄인들을 대신해서 그처럼 십자가에서 피를 흘리며 죽지 않으셨다면, 그들을 향한 하나님의 진노는 영원히 해결되지 못했을 것이다. 죄인들은 마땅히 하나님의 진노와 심판에 의해 죽을 수밖에 없지만, 그들을 대신해서 예수 그리스도가 하나님의 진노와 심판을 한 몸에 받으시고 피를 쏟으며 죽으셨다. 만일 그분이 하나님의 진노를 대신 짊어지지 않으셨다면, 크고도 무서운 하나님의 진노와 심판을 아무도 피할 수 없을 것이다.

그렇다면 예수 그리스도가 그처럼 십자가에서 피를 쏟으면서 하나님의 진노를 짊어지셨기에 죄인들은 저절로 그 진노를 피할 수 있는가? 물론 결코 아니다! 그들을 대신해서 화목제물로 피를 흘리며 죽으신 예수 그리스도를 믿음으로 받아들여야 한다. 만일 그분의 피로 인해 저절로 하나님의 진노를 피할 수 있었다면, 바울 사도는 이렇게 말하지 않았을 것이다. "이 예수를 하나님이 그의 피로써 *믿음*으로 말미암는 화목제물로 세우셨으니…."

그렇다! 하나님은 진노 중에라도 죄인들을 향한 긍휼 때문에 그 진노를 쏟아붓기 전에 참으시고 또 참으셨다. 그리고 마침내 그분의 아들이 죽으면서 흘린 피가 하나님의 진노를 돌려놓으셨다. 그 피가 화목제물이 되었기에, 죄인들은 감사하면서 그 피를 의지하여 하나님께 나아와야 한다. 그렇게 할 때 하나님도 진노를 내려놓으시고 대신에 그들을 받아주신다. 하나님의 진노를 바꾸어 놓은 예수 그리스도의 *피*를 믿음으로 받아들이지 않으면 안 된다.

5) 나오면서

거룩하신 하나님은 죄에 대해 진노하시며, 그 진노의 시기가 끝나면 심판하신다. 비록 예수 그리스도가 죄인들을 대신해서 피를 흘리고 죽으셨지만, 그들에 대한 하나님의 진노가 풀어지지 않는다면 그들은 하나님 앞으로 나아올 수 없다. 유대인에 대한 하나님의 진노가 양의 피로 덮어진 것처럼, 온 세상의 죄인들을 향한 하나님의 진노는 예수 그리스도의 피로 풀어주셨다. 그분이 십자가에서 흘린 피는 하나님의 진노를 풀어드리는 화목제물이기 때문이다.

10
화목

"그의 십자가의 _피_로…자기와 <u>화목하게</u> 되기를 기뻐하심이라"

1) 들어가면서

하나님은 예수 그리스도의 피를 통해 우리를 구원하셨다. 그 피를 통해 우리를 해방하셨고, 그 피로 우리를 죄로부터 자유롭게 했을 뿐 아니라, 하나님의 소유가 되게 했다. 그 피가 우리의 죗값인 속량이었기에 가능한 역사였다. 그뿐 아니라, 그 피를 통해 우리를 "의롭다 하셨다." 재판관인 하나님이 그 피를 통해 우리를 하나님처럼 의롭다 하신 것이다. 그 피는 한발 더 나아가서 우리에 대한 하나님의 진노를 돌려놓는 화목제물이었다.

하나님이 그 아들의 피를 통해 일구신 일이 또 있는데, 그것은 화목이다. 화목은 좋은 관계를 전제로 한다. 하나님과 좋았던 관계가 인간의 죄악으로 인하여 깨어졌다. 깨어지기만 한 것이 아니라 관계가 멀어졌다. 그렇게 멀어진 관계를 하나님은 다시 그 아들의 피로 복원, 곧 회복시키셨다. 단순히 회복만 시킨 것이 아니라 깊은 관계로 발전시켰는데, 하나님은 우리의 아버지가 되시고, 우리는 그분의 자녀가 된 것이다.

2) 원수

신약성경에는 인간이 하나님의 원수enemy라고 표현한 곳이 세 군데나 있다. 야고보는 세상과 벗이 되면 하나님의 원수라고 표현했다. "간음한 여인들아, 세상과 벗된 것이 하나님과 *원수* 됨을 알지 못하느냐? 그런즉 누구든지 세상과 벗이 되고자 하는 자는 스스로 하나님과 *원수* 되는 것이니라"(약 4:4). 인간이 창조주이신 하나님 대신에 피조물인 세상과 벗 삼는 행위는 하나님과 원수가 되는 지름길이라는 말씀이다.

바울 사도도 역시 인간이 하나님과 원수라고 묘사했다. "전에 악한 행실로 멀리 떠나 마음으로 *원수*가 되었던 너희를"(골 1:21). 이 묘사에 의하면, 인간이 하나님과 원수가 된 원인은 '악한 행실' 때문이나. 그렇다면 무엇이 악한 행실이란 말인가? 하나님의 의로운 목적을 가로막는 행실이다. 하나님은 인간에 대해 엄청난 목적을 가지셨는데, 그것은 한 마디로 인간이 풍요롭고도 충만하게 사는 것이었다.

그런데 인간이 그처럼 놀라운 하나님의 목적을 가로막고 있는데, 그렇게 가로막는 것이 바로 '악한 행실'이다. 악한 행실의 결과로 인간은 인간답지 못한 비인간화非人間化의 과정에서 산다. 혹자는 이미 돌이킬 수 없을 정도로 인간 이하의 인간이 되었는가 하면, 혹자는 그만큼 타락하지는 않았지만, 비인간화의 과정이라는 비탈길에서 미끄러져 내려가고 있다. 그런 인간들은 필연적으로 다른 사람에게 좋지 않은 영향을 주고받는다.

바울 사도는 이런 원수들은 '멀리 떠난' 상태라고 진단했다. 누구로부터 '멀리 떠났는가?' 두말할 필요도 없이 하나님으로부터 떠나있는데, 얼마나 멀리 떠나있는지 그들 대부분은 알지도 못한다. 그러니까 이 말씀에 의하면, 악한 행실에 연루된 사람들은 하나님으로부터 멀리 떠나있을 뿐만 아니라, 하나님과 원수가 되었다. 하나님과 원수 된 사람들은 다른 많은 사람과도 원수 된 상태에서 살게 된다.

하나님과 원수 된 사람들의 모습을 바울 사도는 다른 곳에서 이렇게 묘사했다. "곧 우리가 원수 되었을 때에 그의 아들의 죽으심으로 말미암아 하나님과 화목하게 되었은즉, 화목하게 된 자로서는 더욱 그의 살아나심으로 말미암아 구원을 받을 것이니라" (롬 5:10). 비록 하나님은 악한 행실에서 헤어나오지 못하는 인간을 원수라고 하셨지만, 그렇다고 그 인간을 완전히 버리신 것은 아니라는 말씀이다. 하나님과 화목하게 되는 방법을 제시했기 때문이다.

위에서 언급한 것처럼, 화목은 좋은 관계를 전제로 한다. 원래 완전하신 하나님은 완전하게 창조하신 인간과 완전한 관계를 누리시고 있었다. 그러다가 완전한 인간이 하나님의 자리에 들어가려고 했는데, 그것은 피조물이 창조주와 같은 위치로 상승하겠다는 짓거리였다 (창 3:5). 두말할 필요도 없이 하나님은 그런 '악한 행실'을 받아들이지 않으시고, 대신 심판하셨다. 그 심판의 결과 인간은 하나님으로부터 '멀리 떠나게' 되었다.

3) 악의 제거

그렇지만 하나님이 인간과 교제하시겠다는 본래의 목적은 변하지 않았다. 다시 말해서, 하나님은 인간과 화목하기를 원하셨다. 그러나 인간의 '악한 행실'이 의로우신 하나님과 인간 사이를 가로막고 있었다. 선지자 이사야의 진단대로이다. "오직 너희 죄악이 너희와 너희 하나님 사이를 갈라놓았고, 너희 죄가 그의 얼굴을 가리어서 너희에게서 듣지 않으시게 함이니라" (사 59:2). 하나님과 인간 사이를 가로막은 죄악을 제거되지 않으면 안 되었다.

그런데 불행하게도 인간은 그 죄악의 문제를 해결할 수 있는 능력과 방법이 없다. 인간이 기껏 할 수 있는 것이란 이미 '멀리 떠나있는'alienated 하나님으로부터 더 멀리 가는 것뿐이다. 그렇다고 인간이 손을 놓고만 있는 것은 아니다. 인간은 온갖 방법을 동원해서 하나님과 화목하려고 애를 쓰고 있다. 그런 방법 가운데 대표적인 것이 선행과 종교라 할 수 있다. 특히 종교는 인간이 하나님께 나아오려는 발버둥이다.

결국, 하나님과 인간 사이의 화목은 전적으로 하나님께 달린 것이다. 하나님은 죄악의 제거를 위해 사랑과 지혜와 능력을 동원하셨다. 하나님은 '악의 행실'에 깊이 빠진 인간을 사랑하셨는데, 그 사랑은 자격 없는 죄인에 대한 *아가페* 사랑이었다. 그러니까 하나님은 사랑으로 인간을 창조하셨고, 사랑으로 인간과 교제하셨다. 인간이 죄악으로 하나님을 '멀리 떠난' 후에도 하나님은 여전히 인간을 사랑하셨다.

그러나 의로우신 하나님은 화목을 가로막고 있는 죄악을 제거하시지 않으면 안 되었다. 한편 죄악도 제거하고 또 한편 사랑도 나타내어야 하는 어려움을 하나님은 지혜로 해결하셨다. 그 지혜는 당신의 아들을 통해서 나타났다. 위에서 인용한 말씀을 다시 보자. "곧 우리가 원수 되었을 때에 *그의 아들의 죽으심*으로 말미암아 하나님과 화목하게 되었은즉…." 당신의 아들을 인간의 죄악을 대신해서 죽게 하심으로, 악의 제거와 사랑을 동시에 이룬 지혜였다.

'그 아들의 죽으심'을 바울 사도는 십자가에서 흘린 피라고 하면서, 그 피로 인해 화목하게 되었다고 이렇게 말했다. "그의 십자가의 *피*로 화평을 이루사 만물 곧 땅에 있는 것들이나 하늘에 있는 것들이 그로 말미암아 자기와 *화목하게* 되기를 기뻐하심이라. 전에 악한 행실로 멀리 떠나 마음으로 원수가 되었던 너희를 이제는 그의 육체의 죽음으로 말미암아 화목하게 하사, 너희를 거룩하고 흠 없고 책망할 것이 없는 자로 그 앞에 세우고자 하셨으니" (골 1:20-22).

인간이 세운 죄악의 장벽을 하나님이 깨뜨려버리셨다. 그런 이유로 화목은 언제나 하나님의 역사이다. 그 화목을 이룩하기 위해 인간이 할 수 있는 것은 아무것도 없다. 인간이 할 수 있는 것은 '너희는 하나님과 화목하라'는 명령을 받아들이고자 하는 태도의 변화뿐이다 (고후 5:20). 우리는 자신의 무능을 인지하고, 하나님이 일구신 화목에 감사해야 한다. 그리고 그 화목을 위해 십자가에서 피를 흘리고 죽으신 예수 그리스도를 받아들여야 한다.

4) 화평

인간이 하나님과 화목하면서 누리게 되는 특권 가운데 하나는 화평이다. 위에서 인용한 말씀을 다시 인용해보자. "그의 십자가의 피로 화평을 이루사 만물 곧 땅에 있는 것들이나 하늘에 있는 것들이 그로 말미암아 자기와 화목하게 되기를 기뻐하심이라" (골 1:20). 화평은 유대인에게는 중요한데, 히브리어로 샬롬(שלום)이다. 샬롬을 누리기 위해서는 무엇보다도 하나님과 화목해야 한다.

그뿐 아니라, 자연과도 화목해야 한다. 그렇지 않다면 바울 사도는 "만물, 곧 땅에 있는 것들이나 하늘에 있는 것들이…자기와 화목하게 된다"고 말하지 않았을 것이다. 다른 말로 바꾸면, 만물을 귀히 여기면서 함께 살아가야 한다. 만일 인간이 만물을 학대하거나 착취하면, 만물은 부정적으로 반응한다. 한 예를 들어보면, 위협적인 기후변화는 인간이 만물을 학대하고 착취한 결과물이다.

하나님과 화목한 그리스도인들은 다른 사람들과도 화목해야 한다. 다른 사람들은 두 종류인데, 하나는 그리스도인들이고 또 하나는 불신자들이다. 화목을 위해 십자가에서 희생하신 예수 그리스도는 다른 그리스도인들과 화목해야 한다고 말씀하셨다. "그러므로 예물을 제단에 드리려다가 거기서 네 형제에게 원망들을 만한 일이 있는 것이 생각나거든, 예물을 제단 앞에 두고 먼저 가서 형제와 *화목하고* 그 후에 와서 예물을 드리라"(마 5:23-24).

그리스도인들은 불신자들과도 화목해야 한다. 그들과 화목할 수 있는 가장 좋은 방법은 그들로 하나님과 화목하게 하는 것이다. 바울 사도의 충고이다. "…그가 그리스도로 말미암아 우리를 자기와 화목하게 하시고 또 우리에게 화목하게 하는 직분을 주셨으니 곧 하나님께서 그리스도 안에 계시사 세상을 자기와 화목하게 하시며 그들의 죄를 그들에게 돌리지 아니하시고 *화목하게 하는 말씀을 우리에게 부탁하셨느니라*"(고후 5:18-19).

하나님이 예수 그리스도의 핏값으로 그리스도인들과 화목하셨다. 그렇게 화목을 경험했기에 그들은 화평을 누리게 되었다. 그런데 그 화평을 혼자만 누리지 말고 다른 사람들과 공유해야 한다. 공유하지 않으면 진정한 의미에서 화평이라고 말할 수 없기 때문이다. 그리스도인들은 화목하게 하는 직분을 하나님으로부터 받았는데, '화목하게 하는 말씀을 우리에게 부탁하셨기' 때문이다. 그런 부탁을 받은 우리는 그리스도를 전하는 대사使가 된 것이다 (고후 5:20).

5) 나오면서

예수 그리스도의 피는 구원하는 능력을 보유하고 있다. 그 피가 아니라면 어떻게 죄악으로 인하여 하나님과 원수 된 죄인이 하나님과의 관계를 회복할 수 있겠는가? 그 회복은 하나님과의 관계에서 끝나지 않고, 다른 사람들과의 관계는 두말할 필요도 없고 자연과의 관계까지도 바꾸어 놓는다. 그런 관계의 변화를 한 마디로 화목reconciliation이라 한다. 예수 그리스도의 피로 화목을 경험한 자들이 그 화목을 전하는 대사ambassador가 되었다니, 놀라울 뿐이다!

11. 대면
12. 거룩
13. 섬김
14. 이김
15. 천국

3부

피의 능력

11
대면

"우리가 예수의 피를 힘입어 성소에 들어갈 담력을 얻었나니"

1) 들어가면서

아담에게는 많은 특권이 부여되었는데, 그 가운데 가장 놀라운 특권은 하나님을 가까이서 대면할 수 있다는 것이다. 하나님은 친히 아담을 에덴동산에 두셨으며 (창 2:8), 그 땅을 '경작하여 지키게' 하셨다 (창 2:15). 하나님은 그에게 말씀하셨으며 (창 2:16-17), 친히 동물들을 그에게로 끌어오셔서 아담으로 그들의 이름을 짓게 하셨다 (창 2:19). 이처럼 하나님과 가까이서 대면하여 교제한 사람은 아무도 없었다.

그러나 불행하게도 아담은 불순종 이후 더는 하나님을 대면할 수 없었다. 그는 "하나님의 낯을 피하여 동산 나무 사이에 숨었고" (창 3:8), 에덴동산에서 쫓겨나서 하나님과 결별했다 (창

3:24). 그보다 더 불행한 것은 그 이후 어떤 인간도 하나님을 대면할 수 없게 된 것이다. 그런 불행 중에서도 하나님이 인간과의 교제를 회복하여 대면하기를 원하셨다는 것은 인간에게는 더할 나위 없는 복음이었다. 그 대면이 처음으로 이루어진 곳은 지성소에서였다.

2) 지성소

"우리가 예수의 피를 힘입어 성소에 들어갈 담력을 얻었나니"에서 성소는 지성소를 가리킨다 (히 10:20). 일반적으로 하나님이 계신 곳을 성소, 곧 거룩한 곳이라 한다. 그러나 성막의 중간에 있는 성소와 구분할 때는 하나님이 계신 곳을 지성소라 부른다. '우리'가 그 성소, 곧 지성소에 들어갈 담력을 얻게 한 것은 다름 아닌 예수 그리스도의 피였다는 것이다. 그분의 피가 아니었다면 우리는 하나님이 계신 지성소에 들어가서 대면할 수 없다는 말이다.

물론 성막이 세워지기 전에도 하나님은 시시때때로 사람들을 대면하셨는데, 노아와 아브라함과 모세가 대표적인 인물들이다. 그러나 그들은 일정한 장소에서, 그리고 일성한 때에 하나님을 대면한 것이 아니라, 장소와 시간을 초월하여 하나님이 원하실 때만 대면할 수 있었다. 그것도 하나님을 직접 대면한 것이 아니라, 하나님을 대리한 천사를 대면했다. 인간과 직접 대면하기를 원하시는 하나님은 그 방법도 알려주셨는데, 곧 성막을 통해서였다.

성막이 완성되자 하나님은 지성소에 임하셨다. 그러나 인간이 아무 때나 그 지성소에 들어가서 하나님을 대면할 수 없었다. 이스라엘 백성을 대표하는 대제사장이 일 년에 한 번 속죄일에만 그곳으로 들어가서 하나님을 대면할 수 있었다. 그렇게 대면하려면 대제사장은 반드시 죄 없는 양의 피를 의지하지 않으면 안 되었는데, 말씀으로 확인하자. "또 손가락으로 그 피를 그 위에 일곱 번 뿌려 이스라엘 자손의 부정에서 제단을 성결하게 할 것이요"(레 16:19).

그렇게 대면하기 어려운 하나님을 대면할 수 있도록 '우리'가 성소에 들어갈 담력을 갖게 되었다는 것이다. 이미 위에서 언급한 것처럼, 우리로 담력을 갖게 한 것은 예수 그리스도의 피였다. 그분의 피 때문에 우리는 하나님 앞으로 나아올 수 있게 된 것이다. 그러면 '우리'는 누구인가? 그것은 두말할 필요도 없이 예수 그리스도가 십자가 위에서 흘리신 피를 의지하여 구원받은 그리스도인들이다. 그들은 죄로부터 해방되었을 뿐 아니라, '의롭다 하심'을 받은 사람들이다.

3) 휘장

예수 그리스도가 피를 흘리시며 죽기 전에는 '우리'가 하나님이 좌정하신 지성소로 자유롭게 드나들 수 없었다. 물론 여러 가지 이유를 찾을 수 있겠지만, 이 장에서는 한 가지만 언급하 겠다. 하나님이 계신 지성소와 성소 사이에는 휘장이 가로막고 있었다. 대제사장조차도 성소까지는 자유롭게 들어갈 수 있었 지만, 지성소에는 들어갈 수 없었다. 휘장이 그를 막고 있었는 데, 그 휘장은 하나님이 그로 지성소에 들어오지 못하게 하는 장막이었다.

그 휘장은 아름다웠지만 참으로 튼튼했다. 유대 역사가 요세 푸스는 헤롯 성전에 있는 휘장에 대해 이렇게 묘사했다. "두 마 리의 말을 휘장에 묶어서 반대편으로 몰고 가도 찢어지지 않았 다." 우선 처음 만들어진 휘장의 재료를 보자. "너는 청색 자색 홍색 실과 가늘게 꼰 베 실로 짜서 휘장을 만들고 그 위에 그룹 들을 정교하게 수 놓아서, 금 갈고리를 네 기둥 위에 늘어뜨리 되 그 네 기둥을 조각목으로 만들고 금으로 싸서 네 은 받침 위 에 둘지며"(출 26:31-32).

그러면 그 휘장을 둔 목적은 무엇인가? 그것도 말씀으로 확인 하자. "그 휘장을 갈고리 아래에 늘어뜨린 후에 증거궤를 그 휘 장 안에 들여놓으라. 그 휘장이 너희를 위하여 성소와 지성소를 *구분하리라*"(출 26:33). 이 말씀에서 '구분하리라'는 표현은 '갈 라놓는다'는 뜻이다. 등대와 떡 상과 향단이 있는 성소는 하나 님이 좌정하신 지성소와는 엄연히 다르기에, 그 둘 사이를 갈라 놓으라는 것이다.

예수 그리스도의 시대에 있었던 성전은 헤롯 성전이었다. 유대인에 의하면, 그 휘장의 높이는 40규빗(약 20m)이며 넓이는 20규빗(약 10m)이고 두께는 손바닥 넓이만큼 두꺼웠다. 그 휘장을 옆으로 밀어놓기 위해서 300명이나 되는 제사장이 동원되었다는 것이다. 이처럼 육중한 휘장이 지성소와 성소를 가로막고 있었는데, 감히 누가 그 휘장을 젖히고 지성소로 들어갈 수 있었겠는가? 그런데 "우리가 예수의 *피*를 힘입어 성소에 들어갈 담력을 얻었다"라는 것이다.

4) 대면

그리스도인들은 언제든지 하나님 앞으로 나아가서 대면할 수 있게 되었다는 말이다. 어떻게 그것이 가능하게 되었는가? 그 방법은 간단한데, 그 휘장이 둘로 갈라졌기 때문이다. 마가는 예수 그리스도가 십자가에서 *피*를 흘리며 죽으실 때 그 휘장이 위로부터 아래로 찢어졌다고 이렇게 묘사했다. "예수께서 큰 소리를 지르시고 숨지시니라. 이에 성소 휘장이 위로부터 아래까지 찢어져 둘이 되니라" (막 15:37-38). 마태도 역시 그렇게 묘사했다 (마 27:50-51).

인간이 20m나 되는 휘장 위로 올라가서 아래까지 찢는다는 것은 불가능했다. 누가는 그 가운데가 찢어졌다고 묘사했다. "때가 제육시쯤 되어 해가 빛을 잃고 온 땅에 어둠이 임하여 제구시까지 계속하며, 성소의 휘장이 한가운데가 찢어지더라. 예수께서 큰 소리로 불러 이르시되, '아버지 내 영혼을 아버지 손에 부탁하나이다' 하고, 이 말씀을 하신 후 숨지시니라"(눅 23:44-46). 예수 그리스도가 죽으실 때 휘장 한가운데가 찢어 졌다는 것이다.

그런데 히브리서 저자는 그렇게 찢어진 휘장에 대해 이렇게 해석했다. "그 길은 우리를 위하여 휘장 가운데로 열어 놓으신 새로운 살 길이요, 휘장은 곧 그의 육체니라…참 마음과 온전한 믿음으로 하나님께 나아가자"(히 10:20, 22b). 이 해석에 의하면 그 휘장이 예수 그리스도의 육체라는 것이다. 그 육체가 십자가 에서 피를 쏟으며 찢겨 죽을 때, 그 휘장도 똑같이 찢겼다는 것 이다. 이제 우리가 하나님 앞으로 나아갈 수 있는 살길이 활짝 열렸다.

히브리서 저자는 또 이렇게 권면한다. "참 마음과 온전한 믿 음으로 하나님께 나아가자!" 이 권면은 하나님의 마음을 너무나 잘 표현한 것인데, 그 이유는 아담이 불순종하는 순간부터 하나 님은 인간과 교제하며 대면하시기를 원하시며 추구하셨기 때문 이다. 휘장이 찢어졌기에 우리는 아무 때나 하나님께 나아갈 수 있으며, 그분을 대면할 수 있게 된 것이다. 접근할 수 없고 대 면도 할 수 없는 하나님을 매일 만나 교제하게 한 예수 그리스 도의 피는 능력이 있다.

5) 나오면서

　예수 그리스도의 피로 구원받은 그리스도인들의 특권 중의 특권은 하나님을 아버지라고 부르면서 그분과 대면할 수 있다는 것이다. 그런 대면을 통해서 그들은 하나님과 친밀한 교제를 나누며, 대화하게 된 것이다. 그 대화를 통해 하나님은 약속과 명령을 주신다. 이처럼 그들이 언제라도 하나님께 나아올 수 있도록 예수 그리스도는 십자가에서 피를 흘리셨다. 그분의 피는 참으로 죄인을 변화시켜서 거룩한 하나님을 매일 대면하게 하는 능력이다.

12
거룩

> "그러므로 예수도 자기 _피_로써 백성을 거룩하게 하려고
> 성문 밖에서 고난을 받으셨느니라"

1) 들어가면서

예수 그리스도의 피로 죄에서 해방된 그리스도인들은 하나님과 깊은 교제를 나누는 특권을 누린다. 매일 하나님을 대면하여서 그분의 말씀을 들을 뿐 아니라 기도를 통해 대화한다. 그렇게 교제할 때 성령이 임하여 그들을 한 걸음씩 인도하신다. 얼마나 큰 특권인가? 그들의 '마음은 새롭게 되었고' (롬 12:2), 그들은 그리스도의 '형상을 본받기' 시작한다 (롬 8:29). 그런 복스러운 여정을 통해 거룩한 사람들로 변해가는 것이다.

그런데 그 과정에서 그리스도인들은 시시때때로 딴죽에 걸려 비틀거리기도 하고 또 심하면 넘어지기도 한다. 딴죽을 거는 작자는 다름 아닌 자신들이다. 비록 예수 그리스도의 피로

해방되었지만, 그들 속에 여전히 남아있는 죄의 성품 때문이다. 그 죄성이 그들을 복스러운 여정에서 전진하지 못하도록 뒤에서 잡아당기는 것이다. 뿌리치고 뿌리쳐도 죄성은 악착같이 그리스도인들을 괴롭히고 쓰러뜨리려고 하면서 끊임없이 잡아당긴다.

2) 거룩의 과정

구원받은 그리스도인들의 특권 가운데 하나는 성령이 그들의 삶에 들어오셔서 그들의 인생을 바꾸어 놓으신 것이다. 그러나 그들 안에 남아있는 죄성은 그들로 변화된 삶을 누리지 못하게 하려고 발버둥을 친다. 바울 사도도 그런 경험을 한 것 같은데, 그렇지 않았다면 이런 말을 하지 않았을 것이다. "육체의 소욕은 성령을 거스르고 성령은 육체를 거스르나니, 이 둘이 서로 대적함으로 너희가 원하는 것을 하지 못하게 하려 함이니라"(갈 5:17).

그리스도인들은 불행하게도 죄성에 굴복하여 넘어질 때가 있다. 그렇게 넘어지면 구원의 기쁨도 사라지고, 대신에 마음속에는 갈등이 사리한다. 그렇게 넘어진 그리스도인들이 다시 일어나려 할 때 의지해야 하는 것이 있는데, 그것은 예수 그리스도의 피이다. 그러니까 그분의 피는 그들을 구원으로 인도하는 능력이지만, 동시에 그들의 신앙생활을 지탱하게 하는 능력이다. 그 피를 의지하지 않으면 누구도 신앙생활을 제대로 유지할 수 없다.

사도 요한은 그런 피의 능력을 다음과 같이 서술했다. "그가 빛 가운데 계신 것 같이 우리도 빛 가운데 행하면 우리가 서로 사귐이 있고, 그 아들 예수의 피가 우리를 모든 죄에서 깨끗하게 하실 것이요" (요일 1:7). '우리도 빛 가운데 행하면'은 넘어진 후에라도 빛이신 하나님이 그들의 잘못을 알려주시면, 그들이 잘못을 자백하고 돌아온다는 뜻이 내포되어 있다 (요일 1:9). 그렇게 돌이킬 때 '예수의 피가 우리를 모든 죄에서 깨끗하게 하신다'는 것이다.

결국, 죄성을 극복하기 위해 그리스도인들은 필연적으로 예수 그리스도의 피를 의지해야 한다. 피를 의지하지 않으면 넘어졌다가 일어날 수 없다. 끊임없이 육체의 욕망과 성령의 욕망 사이를 오르락내리락하면서 그분의 피를 의지해야 한다. 그런 요철凹凸을 반복하면서 그들은 점진적으로 '성화'의 과정에 들어가며, 그런 과정을 통해 거룩한 그리스도인들이 되어간다. 여기에서 성화와 거룩의 원뜻은 같은데, 성화聖化는 한글인 '거룩'을 한자漢字로 바꾼 것이다.

넘어졌다 일어나기를 반복하면서 그리스도인들은 그들 안에 선은 없고 죄만 있다는 사실을 경험적으로 깨닫게 된다. 그런 깨달음은 두 가지 반응을 일으키는데, 하나는 그들 안에 있는 죄성이 그들을 지배하고 있다는 깨달음이다. 또 하나는 한순간

도 예수 그리스도의 피를 의지하지 않으면 신앙생활을 유지할
수 없다는 깨달음이다. 그런 깨달음은 한편 자신을 혐오하게 하
고, 또 한편 예수 그리스도께 감사하게 한다.

바울 사도의 경험적인 고백을 인용해보자. "내 속 곧 내 육
신에 선한 것이 거하지 아니하는 줄을 아노니, 원함은 내게 있
으나 선을 행하는 것은 없노라. 내가 원하는 바 선은 행하지 아
니하고 도리어 원하지 아니하는 바 악을 행하는도다. 만일 내
가 원하지 아니하는 그것을 하면 이를 행하는 자는 내가 아니
요 내 속에 거하는 죄니라"(롬 8:18-20). '육신에 선한 것이 없
다'는 것과 '내 속에 죄가 거한다'는 사실을 깨닫게 되었다는 것
이다.

3) 거룩의 의미

내 안에 선한 것은커녕 죄가 거한다는 사실을 경험적으로 알
게 되면, 다음과 같은 하나님의 명령이 날카롭게 다가온다. "내
가 거룩하니 너희도 거룩하라!" 하나님은 이스라엘 백성에게 음
식을 가려먹어야 한다고 하면서 이렇게 말씀하셨다. "나는 너희
의 하나님이 되려고 너희를 애굽 땅에서 인도하여 낸 여호와라;
내가 거룩하니 너희도 거룩할지어다"(레 11:45). 음식이 매일의
삶을 결정할 만큼 중요한 것처럼, 거룩함도 그 못지않게 매우
중요하다는 명령이다.

하나님은 이스라엘 백성에게 반복적으로 거룩하지 않으면 안 된다고 명령하셨다. "너는 이스라엘 자손의 온 회중에게 말하여 이르라. '너희는 거룩하라; 이는 나 여호와 너희 하나님이 거룩함이니라'" (레 19:2). 그렇게 명령하신 후 하나님은 거룩하게 사는 방법을 자세히 알려주셨다 (레 19:3-37). 그 방법 중에는 안식일과 규례를 지켜야 하는 것도 있지만, 다양한 인간관계를 조화롭게 유지해야 한다는 것도 있다.

이처럼 거룩하라는 명령은 이스라엘 백성에게만 주어졌는가? 물론 아니다! 그리스도인들도 역시 거룩하라는 명령을 받고 있다. 베드로 사도를 통한 명령을 보자. "오직 너희를 부르신 거룩한 이처럼 너희도 모든 행실에 거룩한 자가 되라. 기록되었으되, '내가 거룩하니 너희도 거룩할지어다' 하셨느니라" (벧전 1:15-16). 이스라엘 백성에게 내린 명령을 인용하면서 그리스도인들에게도 적용한 것은 너나 할 것 없이 모두 거룩해야 한다는 사실을 강조하기 위함이다.

그러니까 그리스도인들도 거룩해야 하는데, 그 의미는 '다르다', '구별하다', '성별하다' 등이다. 그들의 생각은 물론 삶의 방식이 믿지 않는 자들과 달라야 한다는 말이다. 널리 알려진 대로 이스라엘 백성은 불신자들의 삶의 방식을 따르다가 하나님으로부터 엄청나게 책망을 당했다. 그들은 나라와 전토는 물론, 가족과 생명도 잃었다. 그들이 거룩한 삶의 방식을 포기했기 때문이다. 인간적으로 거룩해지려고 애쓰고 애쓰다가 포기하고 죄를 범한 것이다.

그러나 그리스도인들은 다르다! 그 이유는 두 가지인데, 하나는 예수 그리스도의 피이고 또 하나는 성령의 내주이다. 이스라엘 백성은 죄를 범해도 그들이 의지할 수 있는 예수 그리스도의 피가 없었다. 기껏해야 양이나 염소를 잡아서 그 피를 의지했는데, 그런 피는 그들의 죄를 절대로 씻어주지 못했다. 그런 동물의 피는 잠시 그들의 죄를 덮어주기는 했어도 그들을 안에서부터 깨끗하게 하지는 못했다.

더군다나 그들에게는 성령의 내주가 없었다. 그들은 여전히 시내 산에서 맺은 언약을 의지했는데, 그 언약은 그들의 행위에 기초한 것이었다 (출 24:3). 아무리 올바르게 행동하려 해도 그 한계는 너무나 컸다. 그들에게 필요한 것은 새 언약이었는데, 그 언약은 성령을 그들의 마음속에 주시겠다는 약속이다 (렘 31:33, 겔 36:26-27). 그 약속대로 오순절 날에 성령이 그들 가운데 임하셔서 그들의 삶 속에 내주하셨다.

결국, 거룩함의 열쇠는 예수 그리스도의 죽음인데, 그 이유는 그분이 죽으면서 흘리신 피를 의지해서 거룩해질 수 있기 때문이다. 그뿐 아니라, 그분이 십자가에서 죽지 않으셨다면 성령이 강림하지 못했을 것이기 때문이다. 그런 사실을 말씀에서 확인하자. "보시옵소서! 내가 하나님의 뜻을 행하러 왔나이다… 이 뜻을 따라 예수 그리스도의 몸을 단번에 드리심으로 말미암아 우리가 거룩함을 얻었노라" (히 10:9-10). '드리심'은 피를 흘리며 죽으셨다는 뜻이다.

4) 거룩의 방편

예수 그리스도는 백성을 거룩하게 하려고 *피*를 흘리셨다. 말씀으로 알아보자. "거룩하게 하시는 이와 거룩하게 함을 입은 자들이 다 한 근원에서 난지라…" (히 2:11). 이 말씀에서 '거룩하게 하시는 이'는 예수 그리스도이시며, '거룩하게 함을 입은 자들'은 그리스도인들이다. 그분은 피를 통해서 그리스도인들을 거룩하게 하셨는데 말씀으로 확인하자. "그러므로 예수도 자기 *피*로써 백성을 거룩하게 하려고 성문 밖에서 고난을 받으셨느니라" (히 13:12).

그들이 예수 그리스도의 *피*를 의지해서 구원받는 순간 거룩해졌는데, 그때부터 믿지 않는 사람들과 달라졌다는 말이다. 그들의 인생 목적도 달라졌고, 그들이 인생을 살아가는 방법도 달라졌다. 그뿐 아니라, 인생을 마감할 때 그들의 종착역은 믿지 않는 자들과는 전혀 다를 것이다. 그리스도인들은 하나님이 계신 천국으로 가서 영생을 누릴 것이나, 믿지 않는 자들은 하나님이 없는 지옥으로 가서 영원토록 심판을 받을 것이다.

그러니까 현세의 삶도 다르고, 내세의 삶도 다르다. 그분이 십자가에 흘리신 *피*로 인해 그리스도인들이 이렇게 달라진 것이다. 그러나 위에서 언급한 것처럼, 그리스도인들은 죄성으로 인해 갈등을 겪는다. 예수 그리스도가 십자가에서 피를 흘리며 죽으신 결과가 이처럼 갈등하는 초라한 그리스도인들만 양산했는가? 물론 그렇지 않다! 비록 그들이 갈등하지만, 그분의 피를 의지해서 끊임없이 일어서서 이길 수 있기 때문이다.

그런 요철 속에서 그들도 예수 그리스도와 함께 십자가에 못 박혔다는 사실을 깨닫고 경험하게 되며, 성령으로 충만함을 받게 된다. 성령으로 충만함을 받은 그리스도인들은 경험적으로 거룩하게 된 것이다. 지금까지 이미 거룩하게 되었다는 말씀에 의지했지만, 이제부터는 실제로 그리고 경험적으로 거룩하게 된 것이다. 예수 그리스도의 피와 성령의 충만함으로 그들은 불신자들과도 다르고, 평범한 그리스도인들과 다른 삶을 영위하게 된 것이다.

5) 나오면서

예수 그리스도의 피를 의지해서 죄를 용서받은 그리스도인들은 이미 거룩하게 되었는데, 그것을 '신분상positional의 거룩' 또는 '초기initial 거룩'이라고 한다. 그 후 '성문 밖에서' 흘리신 그분의 피를 의지해서 거룩하게 된 것을 '경험적 거룩'이라고 한다. '성문 밖에서'는 종교의 도시인 예루살렘 밖을 가리키는데, 종교적으로는 불가능한 경험이 그분의 피로 거룩하게 되었다는 말이

다. 물론 '절대적^{absolute} 거룩'은 주님이 다시 오실 때, 그들의 몸
이 마지막 나팔에 순식간에 홀연히 다 변화되면서 이루어질 것
이다.

13
섬김

"그리스도의 *피*가 어찌 너희 양심을 죽은 행실에서
깨끗하게 하고 살아 계신 하나님을 <u>섬기게</u> 하지 못하겠느냐?"

1) 들어가면서

그리스도인들은 신분상으로나 경험적으로나 거룩한 백성이
된 사람들이다. 거룩은 '다르다'는 의미라고 이미 언급한 바 있
는데, '다르기' 위해서는 두 가지의 결단이 있어야 한다. 하나
는 '분리'separation이며 다른 하나는 헌신consecration이다. 죄로부터
분리해야 하며, 세상으로부터 분리해야 한다. 그러나 분리만
으로는 거룩해질 수 없으므로 헌신해야 한다. 누구에게 헌신해
야 하는가? 두말할 필요도 없이 그들을 거룩하게 하시는 하나
님께 헌신해야 한다.

그리스도인들은 신분상으로 이미 하나님의 소유가 되었는데,
예수 그리스도가 핏값으로 그들을 사서 하나님께 드리셨기 때

문이다. 그렇다면 이미 하나님의 소유가 되었는데, 왜 그들은 또 헌신해야 하는가? 그 이유는 간단하다! 하나님은 그들 편에서 자원하여 이미 그분의 소유가 된 사실을 시인하기를 원하신다. 그렇지 않으면 하나님께 바쳐진 그들도 하나님을 떠나서 탕자처럼 살 수 있기 때문이다.

2) '섬김'

히브리서 9장 14절의 말씀――"그리스도의 *피*가 어찌 너희 양심을 죽은 행실에서 깨끗하게 하고 *살아 계신 하나님*을 섬기게 하지 못하겠느냐?"――에 의하면, 예수 그리스도의 피로 인해 세 가지가 일구어졌다. 첫째는 '양심'이 깨끗해졌는데, 그 뜻은 타락한 마음이 깨끗해졌다는 것이다. 죄는 모두 양심, 곧 마음에서 시작되는데, 그 양심이 깨끗해졌다는 표현은 그분의 피로 육체적으로 범한 죄뿐 아니라, 마음속으로 범한 죄가 모두 깨끗하게 되었다는 말이다.

둘째는 '죽은 행실'에서 깨끗하게 했는데, 그 피는 이스라엘의 제사장들이 드린 피와는 다르다. 그들은 반복적으로 염소와 송아지의 피로 하나님께 나아왔지만, 그런 피는 '죽은 행실'을 정화하지 못했다 (히 9:12-13). '죽은 행실' 가운데 가장 심각한 것은 하나님을 등지고 떠나간 우상 숭배였는데, 그것은 악한 마음이었다. "형제들아 너희는 삼가 혹 너희 중에 누가 믿지 아니하는 *악한 마음*을 품고 살아 계신 하나님에게서 떨어질까 조심할 것이요"(히 3:12).

첫째와 둘째가 소극적인 것인데 반해, 셋째는 적극적인 것으로 '하나님을 섬기게 하는' 것이다. 속 사람과 겉 사람이 깨끗해진 그리스도인들은 살아 계신 거룩하신 하나님을 섬길 수 있게 되었다. 따라서 그 하나님을 섬기는 사람도 당연히 거룩해야 한다. 그런데, 그리스도인들은 이미 예수 그리스도의 피로 깨끗하게 되었고 또 거룩해졌기에 살아 계신 하나님을 섬길 수 있게 된 것이다.

하나님을 섬기기 위해서는 그분께 가까이 나와야 한다. 고라가 당을 지어 모세를 대적하자, 모세는 이렇게 말하면서 거룩한 사람만이 하나님께 가까이 갈 수 있다고 했다. "…여호와께서 자기에게 속한 자가 누구인지, *거룩한* 자가 누구인지 보이시고, 그 사람을 자기에게 *가까이* 나아오게 하시되 곧 그가 택하신 자를 자기에게 *가까이* 나아오게 하시리니"(민 16:5). 그렇다! 살아 계신 하나님께 가까이 나와야 거룩하신 하나님을 섬길 수 있다.

3) 제사장

그러면 누가 거룩해서 하나님께 가까이 나아갈 수 있는가? 이스라엘에서는 두말할 필요도 없이 제사장들이었다. 그들만이 하나님이 계신 성소로 가서 하나님을 만나고 또 섬길 수 있었다. 비록 그들이 거룩하지만 그래도 피가 없으면 하나님께 가까이 나아갈 수 없었다. 그들은 번제단에서 취한 피를 가지고 하나님이 좌정하신 지성소로 가서 그 피를 하나님 앞에 일곱 번 뿌렸다. 피를 통하지 않고는 그들도 결단코 하나님 앞으로 나아올 수 없었기 때문이다.

그런데 예수 그리스도는 십자가에서 흘린 피로 죄인들을 죄로부터 '해방하시고' 그들을 '왕 같은 제사장'으로 삼으셨다. 다시 그 말씀을 인용해보자. "…우리를 사랑하사 그의 *피*로 우리 죄에서 우리를 해방하시고, 그의 아버지 하나님을 위하여 우리를 나라와 *제사장*으로 삼으신 그에게 영광과 능력이 세세토록 있기를 원하노라. 아멘"(계 1:5-6). 왜 우리를 죄에서 해방하시고 제사장으로 삼으셨는가? 그 목적은 우리로 하나님을 섬기게 하기 위함이었다.

어떻게 하는 것이 하나님을 섬기는 것인가? 먼저, 이스라엘의 제사장들이 피 없이 하나님께 가까이 갈 수 없었다. 현재 믿지 않는 사람들도 역시 피 없이는 하나님께 갈 수 없다. 그러므로 제사장인 우리는 그들이 하나님께 갈 수 있도록 예수 그리스도의 피를 전해야 한다. 그 피를 통해 죄에서 해방되면 하나님께 가까이 갈 수 있다. 베드로 사도는 우리가 '왕 같은 제사장'이라고 하면서, 그 목적을 아무도 오해할 수 없게 다음과 같이 분명히 제시했다.

"그러나 너희는…왕 같은 *제사장*들이요, 거룩한 나라요 그의 소유가 된 백성이니, 이는 너희를 어두운 데서 불러 내어 그의 기이한 빛에 들어가게 하신 이의 아름다운 덕을 *선포하게* 하려 하심이라" (벧전 2:9). 얼마나 큰 특권인가? 죄인들을 살아 계신 하나님께로 인도할 수 있다니? 죄인들의 구원을 위해 당신의 아들로 십자가에서 피를 쏟으며 죽게 하셨으니, 우리가 전할 때 하나님도 크게 기뻐하시지 않겠는가?

그다음, 예전이나 지금이나 제사장들은 하나님과 사람들 사이를 오간다. 다른 말로 하면, 제사장들은 위로 하나님의 영광을 위해 살며, 아래로는 다른 그리스도인들의 행복을 위해 산다. 그렇게 하는 것이 바로 하나님을 섬기는 것이다. 다른 그리스도인들의 행복을 위하는 삶에는 여러 가지가 있다. 그러나 그 가운데 가장 중요한 것은 그들을 위하여 살아 계신 하나님 앞에서 중보기도를 하는 것이다. 기도로 그들을 하나님과 가까이 살도록 도와주어야 한다.

비록 이스라엘의 제사장들이 지성소에는 일 년에 한 번밖에 못 들어갔지만, 금향로에서 피어오르는 향연香煙은 시간을 가리지 않고 밤낮으로 하나님이 계신 지성소로 들어갔다. 사도 요한은 그 향연과 성도들의 기도가 합하여 하나님께 올라간다고 했다. "향연이 성도의 기도와 함께 천사의 손으로부터 하나님 앞으로 올라가는지라" (계 8:4). 결국, 그리스도인들이 다른 성도들을 위해 올리는 중보기도는 언제나 하나님께 상달한다는 말이다.

4) 섬김의 확대

　이 장의 본문에서 '섬기다'라는 동사는 오로지 하나님을 섬길 때 사용되는 동사로서, 헬라어로는 *라트류오(λατρεύω)*이다. 예수님도 마귀에게 시험을 받으시며 '내게 엎드려 경배하라'는 말에 반박하시면서 신명기 6장 13절의 말씀을 인용하셨다. "주 너의 하나님께 경배하고 다만 그를 *섬기라* 하였느니라" (마 4:10). 이 말씀에서 '경배하다'가 하나님께만 해당하는 동사인 것처럼, '섬기다'도 역시 하나님께만 해당하는 동사이다.

　헬라어성경에서 '섬기다'는 동사가 또 있는데, 곧 둘로스(종)의 동사형인 둘루오(δουλεύω)와 *디아코니아(διακονία; 봉사)*의 동사형인 *디아코네오(διακονέω)*이다. 이 동사들은 다른 사람, 곧 주인이나 높은 사람을 섬길 때 사용된다. 결국, 헬라어에서는 하나님을 섬길 때 사용되는 동사와 사람을 섬길 때 사용하는 동사가 다르다. 이미 언급한 것처럼, 하나님을 섬기는 일에는 불신자를 위한 전도와 신자를 위한 중보기도가 있다. 그 외에는 없는가?

　물론 있지만, 그 방법은 간접적이다. 간접적인 방법을 알려주는 말씀이 있다. "너희를 영접하는 자는 나를 영접하는 것이요, 나를 영접하는 자는 나를 보내신 이를 영접하는 것이니라" (마 10:40). 주님이 하신 이 말씀에 의하면, '너희와 예수님과 하나님'이 같나는 것이다. 그리스도인들이 하나님을 직접 영접하여 접대할 수는 없지만, '너희'를 영접하여 접대하는 것이 곧 예수님과 하나님을 접대한다는 말씀이다.

그리스도인들이 '너희'를 영접하여 섬기는 것은 둘루오인데, 그렇게 '너희'를 섬기는 것이 곧 하나님을 섬기는 행위이며, 그 때 둘루오가 *라튜루오*와 일치하게 된다. 그 이유는 세 가지인데, 첫째, '너희'도 하나님의 형상으로 지음을 받았기 때문이다. 둘째, '너희'를 위해서 예수 그리스도가 십자가에서 피를 흘리며 죽으셨기 때문이다. 셋째, '너희' 안에서 성령이 내주하시기 때문이다. 이런 삼위의 역사로 '너희'가 그렇게 중요하다는 것이다.

주님과 깊이 교제한 사도 요한도 사람을 하나님의 위치에 설정하면서 이렇게 말했다. "누구든지 하나님을 사랑하노라 하고 그 형제를 미워하면 이는 거짓말하는 자니, 보는 바 그 형제를 사랑하지 아니하는 자는 보지 못하는 바 하나님을 사랑할 수 없느니라"(요일 4:20). 이 말씀에 의하면, 보이는 형제를 사랑하는 것이 보이지 않는 하나님을 사랑하는 것이며, 보이는 형제를 사랑하지 않는 것이 보이지 않는 하나님을 사랑하지 않는 것이다.

5) 나오면서

예수 그리스도가 그토록 보배로운 *피*를 흘리신 이유는 죄인들을 성도로 변화시키기 위함이다. 그렇게 하나님의 자녀가 된 성도는 그분과 부자간의 관계가 되어 가까운 교제를 누리게 된다. 그런 교제로 그들은 거룩하신 하나님을 닮아가면서 위로 하나님을 섬기고 아래로 다른 사람들을 섬기게 된다. 그런 이중적인 섬김이 가능한 것은 예수 그리스도의 피 때문이다. '그리스도의 피가 살아 계신 하나님을 섬길 수 있게' 하기 때문이다!

14
이김

"또 우리 형제들이 어린 양의 *피*와
자기들이 증언하는 말씀으로써 그를 이겼으니"

1) 들어가면서

'이기다'는 표현은 전쟁을 전제로 하며, 전쟁에는 패자와 승자가 있게 마련이다. 그런데 영적 세계에도 전쟁이 있는데, 그 전쟁은 참으로 심각하다. 영적 전쟁의 시작은 사탄이 하나님에 대해 반란을 일으키면서 시작되었다 (사 14:12-15). 비록 하나님은 사탄을 심판하셨지만, 그 사탄은 하나님 대신에 그분의 형상에 따라 지음을 받은 사람들과 전쟁을 일으켰다. 그 전쟁의 시작은 사탄이 첫 인간인 아담과 하와를 공격함으로 시작되었다.

사람이 사탄과의 전쟁에서 절대로 이길 수 없다는 사실을 아시는 하나님은 즉각적으로 '여자의 후손', 곧 예수 그리스도를 통해서 이길 것을 약속하셨다. '여자의 후손은 네 머리를 상하게 할 것이요, 너는 그의 발꿈치를 상하게 할 것이니라' (창 3:15b). 발꿈치도 상하게 하고, 머리를 상하게 하는 피 터지는 싸움이 있을 것인데, 마침내 '여자의 후손'이 이긴다는 약속이다. 그가 사탄의 '머리를 상하게 할 것이기' 때문이다.

2) '어린 양의 피'

여자의 후손인 예수 그리스도가 아무 상처도 받지 않고 이긴 것은 아니었다. 위에서 언급한 것처럼, 사탄이 그분의 '발꿈치를 상하게 했기' 때문이다. 어떻게 사탄이 감히 하나님의 아들이신 예수 그리스도를 상하게 할 수 있었는가? 그 이유는 분명한데, 그것은 사탄이 참으로 막강한 존재이기 때문이다. 그는 본래 하나님 앞으로 직접 나아가서 대변할 수 있었던 존재였다 (겔 28:14). 그는 '능력과 표적과 거짓 기적'을 자유자재로 일으키는 존재였다 (살후 2:9).

사탄은 땅에서 예수 그리스도를 공격하기 전에 하늘에 있었는데, 그곳에서도 역시 전쟁을 일으켰다가 패배하고 땅으로 떨어졌다. "하늘에 전쟁이 있으니 미가엘과 그의 사자들이 용과 더불어 싸울새 용과 그의 사자들도 싸우나 이기지 못하여 다시 하늘에서 그들이 있을 곳을 얻지 못한지라. 큰 용이 내쫓기니 옛 뱀 곧 마귀라고도 하고 사탄이라고도 하며 온 천하를 꾀는 자라. 그가 땅으로 내쫓기니 그의 사자들도 그와 함께 내쫓기니라"(계 12:7-9).

사탄은 땅으로 떨어진 후에도 전쟁을 그치지 않았다. 마침내 예수 그리스도를 십자가에서 피를 흘리며 죽게 했다. 사탄은 가룟 유다를 이용해서 그분이 처형될 수 있게 했다. "열둘 중의 하나인 가룟인이라 부르는 유다에게 사탄이 들어가니, 이에 유다가 대제사장들과 성전 경비대장들에게 가서 예수를 넘겨 줄 방도를 의논하매, 그들이 기뻐하여 돈을 주기로 언약하는지라. 유다가 허락하고 예수를 무리가 없을 때에 넘겨 줄 기회를 찾더라" (눅 22:3-6).

예수 그리스도는 "마치 도수장으로 끌려가는 어린 양과 털 깎는 자 앞에서 잠잠한 양 같이" 저항 한 번 못하고 십자가에서 피를 흘리고 죽으셨다 (사 53:7). 사탄이 그분과 일으킨 전쟁은 그의 이김으로 끝나는 것 같았다. 사탄과 그 졸개들이 얼마나 기뻐하며 환호성을 했겠는가? 그뿐 아니라, 사탄의 도구가 된 유대의 제사장들과 종교지도자들도 역시 손뼉을 치면서 기뻐했다. 그렇게 피를 흘린 죽음이 *이김*의 발판인 줄도 모르면서 말이다.

그렇게 죽은 어린 양은 죽은 지 삼 일만에 부활하셨다. 그 사실을 사도 요한은 이렇게 묘사했다. "내가 또 보니 보좌와 네 생물과 장로들 사이에 한 어린 양이 서 있는데 일찍이 죽임을 당한 것 같더라. 그에게 일곱 뿔과 일곱 눈이 있으니 이 눈들은 온 땅에 보내심을 받은 하나님의 일곱 영이더라" (계 5:6). 죽은 어린 양이었는데, 이제는 '일곱 뿔과 일곱 눈'이 있는 어린 양이다! 전능과 전재全在의 어린 양으로 부활하셨다는 묘사이다.

부활은 패배를 통한 이김에 대한 확실한 증거였는데, 그렇게 이기게 한 것은 그분이 십자가에서 흘린 피 때문이었다. 피는 패배를 상징하나 동시에 이김을 상징한다. 그런 이김을 바울 사도는 이렇게 표현했다. "통치자들과 권세들을 무력화하여 드러내어 구경거리로 삼으시고, 십자가로 그들을 *이기셨느니라*" (골 2:15). 이 표현에서 '통치자들과 권세들'은 두말할 필요도 없이 사탄과 그를 따르는 졸개들을 총체적으로 제시한 것이다.

3) 사탄의 계책

예수 그리스도의 피로 죄에서 해방되어 하나님의 소유가 된 그리스도인들과 끊임없이 전쟁하려는 작자는 사탄과 그 졸개들이다. 도대체 사탄은 어떤 계책으로 그리스도인들과 전쟁을 벌이는가? 그의 계책은 비밀이 아니라 이미 알려진 것인데 제법 여러 가지이다. 먼저, 사탄은 거짓말쟁이이다. 그는 처음부터 거짓말쟁이였는데, 아담과 하와를 넘어뜨릴 때도 역시 거짓말을 사용했다 (창 3:4, 5). 그는 항상 거짓말로 그리스도인들을 속인다.

사도 요한은 사탄이 '거짓말쟁이요 거짓의 아비'라고 선언했다 (요 8:44). 그런데 그리스도인들에게도 어떤 거짓말은 달콤하게 들리며, 따라서 그 거짓말을 받아들이기도 한다. 그 즉시 그들은 패배자가 되는 것이다. 어쩌면 거짓을 통해 통치하려는 사회주의자들과 공산주의자들은 사탄의 족쇄가 되었는지도 모른다. 그들은 예수 그리스도를 거부하면서 수없이 많은 사람을 죽음과 지옥으로 내몰고 있는데, 그것이야말로 사탄의 욕구가 아니면 무엇이란 말인가?

사탄의 속임수로 인해 얼마나 많은 사람이 하나님의 존재와 예수 그리스도의 피를 거부하고 있는가? 바울 사도의 진단이다. "만일 우리의 복음이 가리었으면 망하는 자들에게 가리어진 것이라. 그중에 이 세상의 신이 믿지 아니하는 자들의 마음을 혼미하게 하여 그리스도의 영광의 복음의 광채가 비치지 못하게 함이니, 그리스도는 하나님의 형상이니라"(고후 4:3-4). 그렇게 마음이 혼미하게 된 한 예가 위에서 언급한 것처럼, 공산주의자들과 사회주의자들이다.

사탄은 그리스도인들을 밤낮없이 고소한다. 사도 요한은 사탄이 그들을 하나님 앞에서 참소한다고 묘사했다: "우리 형제들을 참소하던 자 곧 우리 하나님 앞에서 밤낮 참소하던 자"(계 12:10). 그런 참소로 인해 시시때때로 그리스도인들은 죄책감을 느끼고, 하나님 앞에서 자격이 없다는 자의식에 사로잡힌다. 그렇게 의기소침하게 된 그리스도인들은 하나님의 영광을 드러내는 삶을 영위하지 못하는데, 그렇게 되면 사탄의 계책이 성공한 셈이다.

그렇게 신앙적으로 침체한 그리스도인들은 믿지 않는 사람들의 구원을 위해 흘리신 예수 그리스도의 피를 전하지 못한다. 이 것만큼 사탄이 좋아하는 것은 없을 것이다. 그 이유는 너무나 분명하다! 죄인의 구원이라는 하나님의 뜻이 방해받기 때문이다. "하나님은 모든 사람이 구원을 받으며 진리를 아는 데에 이르기를 원하시느니라"(딤전 2:4). 사람의 구원을 위해 하나님은 당신의 독생자로 십자가에서 피를 흘리게 하셨는데도 말이다.

사탄은 그 외에도 의로운 자를 비방하고 (욥 1:9-11), 순결한 그리스도인들에게 고난과 질병을 안겨주기도 한다 (욥 2:7, 눅 13:16). 사탄은 선택된 자들조차도 속여서 넘어뜨리려고 광분한다 (마 24:24). 사탄은 우는 사자처럼 어슬렁거리면서 잡아먹을 자들을 찾아다닌다. 베드로 사도는 그 사실을 이렇게 묘사하면서 사탄을 대적하라고 권면한다. "근신하라, 깨어라! 너희 대적 마귀가 우는 사자 같이 두루 다니며 삼킬 자를 찾나니…그를 대적하라" (벧전 5:8-9).

그렇게 사탄이 광분하는 짓거리를 그리스도인들이 알지 못하는가? 그렇지 않다! 그 짓거리를 알면서 대적하여 승리하는 그리스도인들은 얼마든지 있다. 바울 사도는 이렇게 말했다. "이는 우리로 사탄에게 속지 않게 하려 함이라! 우리는 그 계책을 알지 못하는 바가 아니로다" (고후 2:11). 그러나 불행하게도 사탄의 계책을 눈치채지 못하거나 아니면 한눈을 팔이 속아 넘어가는 그리스도인들도 적잖다. 그들은 다시 그들을 구원으로 인도한 예수 그리스도의 피를 의지해야 한다.

4) 이김의 비결

이김의 비결을 제시한 하나님의 말씀을 인용해보자. "또 우리 형제들이 어린 양의 피와 자기들이 증언하는 말씀으로써 그를 이겼으니"(계 12:11). 이 말씀에 의하면 이김의 비결은 너무나 간단한데, 곧 어린 양의 피와 자기들의 증언하는 말씀이다. 그러니까 이김의 비결은 그리스도인들에게 있지 않고, 어린 양에게 있다는 것이다. 그렇다! 그들 자신의 싸움으로는 결단코 사탄을 이길 수 없다는 것이다.

그들을 이길 수 있게 하는 것은 십자가에서 흘리신 *어린 양의 피*를 통해서이다. 그 피가 그들의 과거의 모든 죄를 씻어주었을 뿐 아니라, 현재와 미래의 죄까지도 씻어준다. 이미 인용한 히브리서의 말씀을 다시 인용해보자. "염소와 송아지의 피로 하지 아니하고 오직 자기의 피로 영원한 속죄를 이루사 단번에 성소에 들어가셨느니라"(히 9:12). 이 말씀에서 '*영원한 속죄*'란 과거는 물론 현재와 미래를 망라한다는 뜻이다.

어린 양의 피는 그리스도인들의 죄 문제를 해결했을 뿐 아니라, 어린 양은 그 핏값으로 그들을 사서 하나님께 드렸다. 그분의 소유가 된 그들을 하나님은 손안에 넣으시고 지켜주신다. 예수 그리스도의 말씀을 직접 인용해보자. "…그들을 내 손에서 빼앗을 자가 없느니라. 그들을 주신 내 아버지는 만물보다 크시매 아무도 아버지 손에서 빼앗을 수 없느니라. 나와 아버지는 하나이니라"(요 10:28-30).

십자가에서 못 박히면서 피를 흘리신 어린 양의 손이 그들을 꼭 쥐고 있다. 그뿐 아니라, 천지를 창조하신 하나님의 전능한 손이 그들을 꼭 쥐고 있다. 그런데 두 분이 하나라는 말씀은 그리스도인들이 하나님의 손과 어린 양의 포개진 손에 동시에 들어있다는 뜻이다. 그처럼 막강한 두 손안에 들어있는 그리스도인들을 누가 빼앗아갈 수 있겠는가? 아무도 없다! 비록 사탄이 강력하지만, 그 두 분의 손에서 빼앗아갈 수 없다.

그렇게 안전한 곳에 있는 그리스도인들은 생명을 걸고 어린 양의 피를 증언하므로, 사탄의 계책을 대항하고 무너뜨린다. '증언'의 헬라어는 *마르튜리아*(μαρτυρία)로 '순교'의 뜻도 있는데, 그들이 생명을 걸고 증언했다는 것이다. 그 피를 통해 인생이 통째로 바뀌었는데, 어떻게 생명을 걸고 증언하지 않겠는가? 그들은 그 피와 증언으로 사탄을 이기고도 남음이 있다. 그런 증언을 통해 그리스도인들이 그렇게 많아진 것을 보아도 사탄이 패배했음이 틀림없다.

그리스도인들은 하나님의 손안에 있지만, 그렇다고 그들의 손을 놓고만 있으면 안 된다. 그러면 무엇을 해야 하는가? 그리스도인들이 똘똘 뭉쳐서 교제하면서 함께 싸워야 하나. 이 장의 말씀은 이렇게 시작한다, '우리 형제들이!' 어린 양의 피를 통해 형제가 된 그리스도인들이 삶을 나누는 교제를 해야 사탄의 계책을 이길 수 있다는 것을 함축한다. 그렇다! 우리가 위로 어린 양과 교제하고 아래로 형제들과 교제할 때 우리는 사탄을 이기고도 남는다.

5) 나오면서

어린 양이신 예수 그리스도가 피를 흘리며 죽으신 것은 혈육에 속한 연약한 사람들을 구원하고 또 이기는 삶을 영위하게 하기 위함이었다. 히브리서 저자의 선포를 들어보자. "자녀들은 혈과 육에 속하였으매, 그도 또한 같은 모양으로 혈과 육을 함께 지니심은 죽음을 통하여 죽음의 세력을 잡은 자 곧 마귀를 멸하시며"(히 2:14). 그렇다! 그분은 죽음, 곧 피를 통해 마귀를 멸하시고 그분을 믿은 자녀들로 이기는 삶을 살게 하신다.

15
천국

'이는 큰 환난에서 나오는 자들인데,
어린 양의 피에 그 옷을 씻어 희게 하였느니라'

1) 들어가면서

천국은 하나님이 계시는 곳으로, 모든 면에서 '완전한 곳'이
다. 그곳에는 눈물도 없고, 어두움도 없고, 아픔이나 죽음도 없
다. 달리 말하자면, 그곳에는 죄와 악이 전혀 없다. 그렇다면
그곳에는 누가 있는가? 그곳에는 누구보다도 삼위의 하나님이
계신다. 또 그 하나님을 찬양하며 경배하는 천사들도 있다. 그
뿐 아니라, 삼위의 역사로 구원받은 성도들이 있는데, 하나님
아버지가 그들의 구원을 계획하셨고, 아들이 구원을 이루셨고,
성령이 그 구원을 일구셨다.

구원받은 성도가 얼마나 많은지 사도 요한은 이렇게 묘사했
다. "이 일 후에 내가 보니 각 나라와 족속과 백성과 방언에서

아무도 능히 셀 수 없는 큰 무리가 나와 흰 옷을 입고 손에 종려 가지를 들고 보좌 앞과 어린 양 앞에 서서, 큰 소리로 외쳐 이르되, '구원하심이 보좌에 앉으신 우리 하나님과 어린 양에게 있도다'"(계 7:9-10). '각 나라와 족속과 백성과 방언'에서 헤아릴 수 없을 만큼 많은 성도가 구원의 하나님과 어린 양을 찬양하고 있다.

2) 입성入城

도대체 성도가 그렇게 많은가? 그들은 어떻게 천국에 들어오게 되었는가? 사도 요한과 장로 가운데 한 사람의 대화에서 그 질문에 대한 대답을 찾을 수 있는데, 직접 인용하면서 알아보자. "장로 중 하나가 응답하여 나에게 이르되, '이 흰 옷 입은 자들이 누구며 또 어디서 왔느냐?' 내가 말하기를, '내 주여 당신이 아시나이다' 하니, 그가 나에게 이르되, '이는 큰 환난에서 나오는 자들인데 어린 양의 *피*에 그 옷을 씻어 희게 하였느니라'"(계 7:13-14).

성도들이 천국에 들어오게 된 것은 그들의 옷이 예수 그리스도이신 어린 양의 *피*에 씻어졌기 때문이다. 그렇다! 천국에는 어린 양의 *피*로 씻은 흰옷을 입은 성도만 들어갈 수 있다. 그러니까 천국에 들어갈 수 있는 입국 허가의 증명인 비자visa, 곧 사증查證은 '어린 양의 *피*'이다. 다른 나라에 입국할 때 반드시 비자가 있어야 하는 것처럼, 이 세상 나라를 떠나서 하늘나라로 들어가기 위해서도 반드시 어린 양의 피라는 입국 비자가 있어야 한다.

어린 양의 피로 씻어서 하얗게 된 옷을 입은 성도만이 천국에 들어갈 수 있다는 말이다. 옷이 희게 된 것은 모든 죄가 씻김을 받아 깨끗하게 되었다는 뜻이다. 그뿐 아니라, '흰옷'은 순결을 뜻하기도 하는데, 특히 순교자들은 환난 중에 신앙의 순결을 지키다가 생명을 잃었다. 생명을 잃었기에 그들은 패배자인가? 물론 그렇지 않다! 그들은 부활의 생명을 얻어 천국에서 영원한 생명을 누릴 것이기 때문이다. 그런 까닭에 '흰옷'은 승리의 상징이기도 하다.

왜 어린 양의 피로 씻겨진 성도만이 천국에 들어갈 수 있는가? 그 이유도 분명한데, 조금이라도 죄가 있는 사람은 거룩하신 하나님이 계신 천국에 들어갈 수 없기 때문이다. 그 피를 통해 죄에서 해방된 성도만이 그곳에 들어갈 수 있는 자격이 주어진다. 다시 한번 그 약속을 인용해보자. "우리를 사랑하사 그의 피로 우리 죄에서 우리를 해방하시고" (계 1:5b). '해방하다'는 죄의 굴레에서 완전히 벗어났다는 뜻이다.

그뿐 아니라, 어린 양의 피로 천국에 들어갈 수 있는 이유는 그 피가 삶의 현장에서 성도를 깨끗하게 하기 때문이다. 성도는 죄에서 해방된 이후에도 깨끗한 삶을 유지한 사람들이다 (요일 1:7). 다시 말해서, 그들의 삶에서 항상 어린 양의 피를 의지하는 사람들이라는 말이다. 그렇게 깨끗한 삶을 유지하면, 그들은 자연스럽게 거룩한 백성이 된다. 그들은 거룩하신 하나님이 좌정하신 거룩한 천국에 들어갈 수 있는 거룩한 백성이 된 것이다 (히 13:12).

3) '하나'

다시 위의 말씀을 보면서 '하나'에 대해 알아보자. "각 나라와 족속과 백성과 방언에서 아무도 능히 셀 수 없는 큰 무리가 나와…큰 소리로 외쳐 이르되, '구원하심이 보좌에 앉으신 우리 하나님과 어린 양에게 있도다!'" 이 말씀에 의하면 나라와 족속과 백성과 방언이 다르지만, 그들은 같은 목소리로 하나님과 어린 양을 찬양하고 있다. 다른 사람들이지만 같은 마음으로 그리고 같은 언어로 찬양하고 있다.

그런 모습은 그들이 이미 *하나*가 되어 있다는 사실을 보여주고도 남는다. 바울 사도는 주 안에서 하나가 된 것을 반드시 지키라고 권면한 바 있다. "평안의 매는 줄로 성령이 *하나* 되게 하신 것을 힘써 지키라" (엡 4:3). 그렇게 강력히 권면한 이유는 이 세상에서는 성도들이 하나가 되지 못하기 때문이다. 그러나 천국에서는 다르다! 비록 그들의 민족과 국적이 다르지만 그리고 언어와 문화도 다르지만, 그런 모든 다름을 초월해서 하나가 된 것이다.

예수 그리스도의 기도가 마침내 이루어진 것이다. "아버지여, 아버지께서 내 안에, 내가 아버지 안에 있는 것 같이 그들도 다 *하나*가 되어 우리 안에 있게 하사 세상으로 아버지께서 나를 보내신 것을 믿게 하옵소서! 내게 주신 영광을 내가 그들에게 주었사오니, 이는 우리가 *하나*가 된 것 같이 그들도 하나가 되게 하려 함이니이다" (요 17:21-22). 그분은 이 기도가 이루어지기 위해서 자신의 보배로운 피로 그들의 옷을 희게 만들어 주셨다.

아담과 하와가 하나님의 명령을 거부한 후 서로를 고발하면서, 아담은 하와로 인해 범죄했다고 비난하고 하와는 자기 탓이 아니라고 강변했다 (창 3:12-13). 그때부터 그들은 하나가 아니었다. 그 이후 인간은 한 번도 하나님의 뜻대로 하나가 된 적이 없었다. 민족이 민족을 미워했고, 나라가 나라를 대적했다. 심지어는 부부조차도 얼마나 많이 갈등하는지 모른다. 부모와 자녀는 물론 형제자매들 사이에도 하나가 되지 못하는 경우가 너무나 많다.

더욱 불행한 사실은 마땅히 하나가 되어야 하는 성도들도 그렇지 못할 때가 비일비재하다. 얼마나 많은 교회가 밖으로는 하나가 되어야 한다고 강조하지만, 안으로는 하나가 되지 못하는가? 그 이유는 죄와 죄성 때문이다. 그런데 천국에서는 다르다! 민족이 다르고, 나라가 다르고, 언어와 문화가 다르지만, 모든 성도는 하나가 된다. 거기에서 비로소 그들은 하나가 되어 같은 마음과 같은 음성으로 구원의 하나님과 어린 양을 힘차게 찬양하고 있다!

예수 그리스도로 인해 하나가 된 모든 성도가 찬양하는 내용도 역시 똑같다: '구원하심이 보좌에 앉으신 우리 하나님과 어린 양에게 있도다!' (계 7:10). 그들이 구원받지 못했다면 이처럼 하나가 되어 같은 목소리로 찬양하는 것은 불가능하다. 그들이 구원받은 결과 하나가 되도록 어린 양이 피를 쏟으셨다. 그뿐 아니라, 사랑하는 독생자인 예수 그리스도가 어린 양처럼 그토록 처절하게 십자가에서 피를 쏟으며 죽게 하신 하나님의 역사가 있었기에 하나가 된 것이다.

4) 교제

하나님이 인간을 창조하신 목적은 교제였다. 실제로 하나님은 첫 인간인 아담과 하와와 더불어 가장 친밀하고도 정겨운 교제를 나누셨다. 얼마나 친밀했는지, 하나님은 그들 안에 당신의 영을 불어넣어 주셨다. "여호와 하나님이 땅의 흙으로 사람을 지으시고 생기를 그 코에 불어넣으시니, 사람이 생령이 되니라" (창 2:7). 그들은 그들 안에 계신 하나님의 영, 곧 하나님과 가장 가까운 교제를 나누었다.

그런데 불행하게도 그 교제가 깨어졌는데, 그 이유는 그 첫 인간들이 하나님께 불순종했기 때문이다. 그들이 불순종하는 순간 그들 안에 계시던 하나님의 영은 그들을 떠났다. 얼마나 서글픈 일인가? 그때부터 인간은 하나같이 불순종의 성품을 지니고 태어났으니 말이다. 인간은 하나님과 정겨운 교제를 거부하면서 하나님을 떠나갔다. 그러나 하나님은 교제라는 목적을 한 번도 바꾸신 적이 없었다. 하나님은 인간과의 교제를 회복하기를 원하셨다.

마침내 당신의 아들 예수 그리스도가 어린 양이 되어 인간을 대신하여 십자가에서 피를 흘리며 죽으셨고 그리고 부활하셨다. 물론 인간을 죄에서 해방하기 위함이었지만, 그렇게 해방된 성도들은 하나님과의 교제를 회복하기 시작했다. 그러나 그 교제는 제약이 너무 많았는데, 성도들 속에 남아있는 죄의 찌꺼기 때문이었다. 그 찌꺼기를 완전히 제거하기 위하여 하나님은 그들의 몸을 죄 없는 몸으로 변화시켜서 완전하게 만드실 것이다.

성도들은 그렇게 변화된 모습으로 천국에 입성할 것이다. 그들은 그곳에서 영원하면서도 완전한 교제를 누리게 된다. 두말할 필요도 없이 그 교제는 이중적이었는데, 위로는 하나님이고 아래로는 다른 성도들이다. 그 성도들이 하나가 되어, 같은 마음과 뜻으로 '구원하심이 하나님과 어린 양에게 있도다!'라고 외치면서 찬양을 올린다. 이처럼 완전한 교제를 위해 어린 양의 피가 그들의 옷을 희게 씻은 것이다.

그뿐 아니라 성도들은 위로 하나님과 어린 양으로 더불어 완전한 교제를 나누게 된다. 그 교제의 모습을 보자. "그러므로 그들이 하나님의 보좌 앞에 있고 또 그의 성전에서 밤낮 하나님을 섬기매 보좌에 앉으신 이가 그들 위에 장막을 치시리니,…이는 보좌 가운데에 계신 어린 양이 그들의 목자가 되사 생명수 샘으로 인도하시고 하나님께서 그들의 눈에서 모든 눈물을 씻어주실 것임이라" (계 7:15, 17).

성도들은 '밤낮으로 하나님을 섬기고 하나님은 그들 위에 장막을 치심으로' 그들을 보호하실 뿐 아니라 (계 7:15), 그들의 눈물을 손수 씻어주신다. 이처럼 정겨운 교제를 천국 말고 어디에서 찾아볼 수 있겠는가? 한발 더 나아가서, "어린 양이 그들의 목자가 되사 생명수 샘으로 인도하신다." 어린 양이 앞장서서 성도들을 인도하시어 생명수 샘으로 인도하신다. 얼마나 정겨운 교제인가? 어린 양의 피 때문에 완전히 회복된 이중적인 교제이다.

5) 나오면서

예수 그리스도의 피는 과거와 현재와 미래를 아우를 만큼 놀랍고 보배롭다. 그 피를 통해서 그리스도인들은 모든 죄에서 해방되었는데, 그것은 과거의 역사였다. 그뿐만 아니라, 그 피는 그들의 삶을 깨끗하게 유지하는데, 그것은 현재의 역사이다. 그분의 피의 역사는 거기에서 끝나지 않는데, 결국 그들을 마

침내 천국으로 들여보낼 것이다. 그러므로 그리스도인들은 피
를 흘리며 십자가에서 죽으신 예수 그리스도를 영원토록 감사
하게 된다.

"율법을 따라 거의 모든 물건이 피로써 정결하게 되나니, 피 흘림이 없은즉 사함이 없느니라!" (히 9:22). 이 말씀에 두 번 나오는 피는 율법 시대와 은혜의 시대에 각각 사용된 피를 가리킨다. 율법 시대에 드린 동물의 피는 이스라엘 백성을 온전히 정결하게 하지 못했지만 그 대신 중대한 모형type의 역할을 했다. 어느 날 백성의 죄를 사하므로 온전히 정결하게 하는 완전한 피에 대한 모형이었는데, 그 피는 다름 아닌 '예수 그리스도의 피'이다.

율법 시대에 모든 동물이 흘린 피가 가리킨 대로, 마침내 예수 그리스도가 십자가에서 피를 흘리셨다. '피흘림이 없은즉 사함이 없느니라'는 말씀은 그분이 십자가에서 흘리신 피로 죄의 용서는 물론 죄인이 깨끗하게 된다는 반어적인 선언이다. 그 피를 통해 죄인이 의인義人되어 거룩한 그리스도인이 된다는 말씀이다. 그렇게 거룩해진 그리스도인은 위로 하나님을 대면할 수 있고, 아래로 다른 사람들을 섬길 수 있게 된다.

그런데 예수 그리스도가 '피흘리고' 죽었다는 구체적인 묘사는 신약성경 전체에서 이곳밖에 없다. 비록 한 번밖에 나오지 않지만, '피흘림'이란 묘사만큼 그분이 십자가에서 죽으신 뜻을 적절하게 함축한 묘사는 없을 것이다. 히브리서 저자는 십중팔구 그처럼 놀라운 묘사를 구약성경에서 빌려왔을 것이다. 르우벤이 동생들을 말리면서 요셉의 피를 흘리지 말자고 하면서 '피흘림'이라고 했다 (창 37:22; 레 17:4, 민 35:33 참고).

다음으로 '사함이 없느니라'를 살펴보자. '사함'은 헬라어로 아페시스(ἄφεσις)로 그 뜻은 두 가지이다. 하나는 '사하다', 용서하다'의 뜻이며, 다른 하나는 '자유를 주다', '석방하다'의 뜻이다. 후자의 뜻으로 쓰인 말씀을 보자. "주의 성령이 내게 임하셨으니 이는 가난한 자에게 복음을 전하게 하시려고 내게 기름을 부으시고 나를 보내사 포로 된 자에게 *자유를*, 눈 먼 자에게 다시 보게 함을 전파하며 눌린 자를 *자유롭게 하고*" (눅 4:18).

이 말씀에서 *아페시스*가 두 번 사용되었는데, '자유를 주다'이다. 이 말씀에 의하면 예수 그리스도가 복음을 전하러 이 세상에 오셨다는 것이다. 복음을 전하여 '포로 된 자에게 자유를' 준다는 것이다. 죄의 굴레에 매인 죄인을 풀어서 자유를 주고, '눌린 자를 자유롭게 한다'는 것이다. 이와 같은 두 가지 뜻을 적용하면, 예수 그리스도의 피가 일군 역사가 매우 분명해진다. '피흘림'의 목적은 죄의 용서는 물론 죄의 굴레에서 해방하기 위해서였다.

신약성경에서 피를 가장 많이 언급한 책이 히브리서인데, 피가 20번이나 나온다. 그 가운데서도 예수 그리스도의 피가 9번이나 되어, 그분이 피를 흘리며 죽으신 사실을 강조한다. 그 피로 인해 그리스도인들은 용서와 자유를 누리게 된다. 그런데 그 피의 역할이 또 있는데 말씀으로 확인하자. "양들의 큰 목자이신 우리 주 예수를 영원한 언약의 피로 죽은 자 가운데서 이끌어 내신 평강의 하나님이" (히 13:20).

'평강의 하나님'이 '우리 주 예수'를 '죽은 자 가운데서 이끌어 내셨다!' 두말할 필요도 없이 '이끌어 내심'은 다시 살아나게 한 부활의 역사를 뜻한다. 그런데 '다시 살아나게 하신'이라고 하지 않고 '이끌어 내신'이라고 한 것은 부활 이후 승천까지 포함한 표현이다. 그렇지 않다면, '우리 주'라는 칭호를 사용하지 않았을 것이다. '주'는 승천하여 하늘과 땅은 물론 교회와 세상을 통치하는 주권자를 가리키기 때문이다.

하나님은 무슨 근거로 예수 그리스도를 죽음에서 이끌어 내셨는가? 그 근거는 그분이 십자가에서 흘리신 '언약의 피'였다. 그분의 피로 죄의 굴레에서 해방된 사실을 확증해준 것이 바로 그분의 부활이었다. 그분이 죽은 자 가운데서 살아나지 않으셨다면, 어떻게 죄의 문세가 해결된 것을 알 수 있겠는가? 바울 사도의 반어적인 확증을 보자. "그리스도께서 다시 살아나신 일이 없으면, 너희의 믿음도 헛되고 너희가 여전히 죄 가운데 있을 것이요" (고전 15:17).

그 피가 '영원한 언약의 피'라고 일컬어지는 이유가 있다. 그 피로 인해 하나님의 자녀가 된 그리스도인들은 언제 어디서나 '평강의 하나님'과 교제할 수 있기 때문이다. 그 교제는 피로 하나님 아버지와 자녀들 사이에 맺어진 언약인데, 아무도 깨뜨릴 수 없다. 그뿐 아니라 다른 언약이 필요하지 않게 되었는데, 그 언약이 영원하기 때문이다. 그처럼 영원한 언약을 체결하기 위해 예수 그리스도는 십자가에서 피를 흘리셨고 부활하셨다.

예수 그리스도의 피의 중요성을 그처럼 자주 언급한 히브리서 저자는 하나님을 대신하여 이렇게 경고한다. "하물며 하나님의 아들을 짓밟고, 자기를 거룩하게 한 언약의 피를 부정한 것으로 여기고, 은혜의 성령을 욕되게 하는 자가 당연히 받을 형벌은 얼마나 더 무겁겠느냐? 너희는 생각하라" (히 10:29). 이 경고는 참으로 엄중하면서도 무서운 영원한 형벌에 관한 것이다. 그는 이렇게 경고한다. '당연히 받을 형벌은 얼마나 더 무겁겠느냐?'

그렇게 형벌을 받을 행위는 세 가지인데, 그 가운데 그 피를 거부한 행위가 포함되어 있다. 먼저, 하나님이 '이끌어 내신' 당신의 아들을 발로 짓밟은 행위이다. 그뿐 아니라 은혜를 베풀기 위한 성령의 임재와 역사를 거부하는 행위이다. 그러나 무엇보다도 심각한 행위는 그 언약의 피, 곧 죄의 문제를 해결해줄 뿐 아니라, 믿는 자들을 거룩하게 할 수 있는 피를 받아들이기는커녕 부정한 것으로 여기는 행위이다.

그러나 영원한 형벌을 피하고 영원한 하나님과 영원한 언약 관계를 맺는 방법이 있다. 그것은 '내'가 아직 예수 그리스도의 피로 죄를 씻지 못했다면, 아직 그분의 피와 상관이 없다면, 아직 그분의 피로 죄의 굴레에서 자유를 얻지 못했다면, 예수 그리스도 앞에서 지금 겸손하게 기도하자. '내'가 죄인임을 고백하자. 그리스도 예수의 피로 죄를 씻어달라고 하자. '나'의 마음 안으로 부활하셔서 살아 계신 그분을 모셔드리자!

· 참고 도서 ·

Archer, Gleason L. *Encyclopedia of Bible Difficulties.*

Barnes, Albert. *Barnes' Notes on the Whole Bible.*

Clarke, Adam. *Commentary of the Bible.*

Cockerill, Gareth Lee. *The Epistle to the Hebrews.*

Coleman, Robert E. *Written in Blood: A Devotional Bible Study of the Blood of Christ.*

Elwell, Walter A., ed. *Evangelical Dictionary of Theology.*

Huggins, Larry. *The Blood Speaks.*

Josephus. *The Works of Josephus.*

Koning, Ger de. *Kingcomments on the Whole Bible.*

Krummacher, F. W. *The Suffering Saviour: Meditations on the Last Days of Christ.*

MacLaren, Alexander. *MacLaren's Expositions of Holy Scripture.*

Morris, Leon. *Revelation.*

_____. *The Apostolic Preaching of the Cross.*

_____. *The Cross in the New Testament.*

Murray, Andrew. *The Power of the Blood of Jesus.*

Osborne, Grant R. *Revelation.*

Ryken, Philip G. *The Message of Salvation.*

Schilder, K. *Christ in His Suffering.*

_____. *Christ on Trial.*

Stalker, James M. *The Trial and Death of Jesus Christ: A Devotional History of Our Lord's Passion.*

Tauler, John. *Meditations on the Life and Passion of Our Lord Jesus Christ.*

홍성철. 『거룩한 삶, 사랑의 삶: 요한일서 강해』

_____. 『십자가의 도』

_____. 『신앙 난제에 답하다 110』

_____. 『어린 양과 신부: 새롭게 접근한 요한계시록』

_____. 『유대인의 절기와 예수 그리스도』

_____. 『화목제물』

부록
두 강도

"함께 십자가에 못 박힌 *강도들도* 이와 같이 욕하더라"

1. 들어가면서

골고다는 온통 피로 범벅이 되어 있었다. 그 피는 세 개의 십자가에서 흘러내렸는데, 거기에 달린 두 강도와 예수 그리스도의 몸에서 쏟아져 내린 피였다. 이미 골고다를 피로 물들게 한 것으로 만족하지 않았는지, 한 군인은 창으로 그분의 옆구리를 찔러서 더 많은 피가 쏟아지게 했다. "그 중 한 군인이 창으로 옆구리를 찌르니 곧 피와 물이 나오더라"(요 19:34). 이미 운명하신 분을 그렇게 한 것은 피에 굶주린 동물과 같은 사람의 행위였다.

비록 세 육체에서 생명의 피가 흘렀지만, 결코 똑같은 피는 아니었다. 두 강도가 피를 흘린 이유는 그들의 죄로 심판받은 결과였다. 만일 그들이 피를 흘리며 죽지 않았다면, 하나님의 공의와 사회의 기강은 무너져 버렸을 것이다. 그러나 그들 가운데 십자가에 못 박히신 예수 그리스도의 피는 달랐다. 붉은 액체인 피는 두 강도의 피와 다를 바 없었지만, 그분의 피는 당신의 죄 때문이 아니라 강도들과 같은 죄인들을 위한 것이었다.

2. 다른 반응

세 사람이 십자가에 달려있었지만, 비난을 받은 분은 예수 그리스도뿐이었다. 군중들은 모욕했으며, 종교 지도자들은 희롱했다. 십자가에 달린 강도들도 욕했다 (마 27:39-44). 그 가운데서 마태는 강도들이 욕했다고 기록했다. "함께 십자가에 못 박힌 강도들도 이와 같이 욕하더라" (마 27:44). 시편의 예언이 그대로 이루어진 것이다. "많은 황소가 나를 에워싸며 바산의 힘센 소들이 나를 둘러쌌으며, 내게 그 입을 벌림이 찢으며 부르짖는 사자 같으니이다" (시 22:12-13).

마태와 마가는 그들을 '강도'라고 묘사했으나 (마 27:38, 막 15:27), 누가는 '행악자'라고 했다 (눅 23:32). 그들이 육신과 물질을 위해 주저하지 않고 죄를 범하며 살았다는 말이다. 그런가 하면 사도 요한은 '두 사람'이라고 했다 (요 19:18). 그들이 강도요 행악자였지만, 그래도 사람이라는 사실을 강조하기 위해서 그런 것 같지만, 그렇지 않다. 어쩌면 강도와 행악자가 아닌 모든 사람을 염두에 두었는지 모르는데, 결국 사람은 육신과 물질을 위해 살기 때문이다.

예수 그리스도는 그분을 향해 이를 갈며 증오하는 '황소'와 '사자'들에 에워싸여서 고난을 감수하고 계셨다. 그런데 그분의 입에서 이런 기도가 흘러나왔다. "아버지, 저들을 사하여 주옵소서! 자기들이 하는 것을 알지 못함이니이다" (눅 23:34). 이 기도는 두 가지의 중요한 사실을 함축하고 있는데, 하나는 용서의 근거였다. 도대체 예수님은 무엇을 근거로 그분께 이를 갈면서 십자가에 못 박은 자들을 용서하여 달라고 기도하실 수 있단 말인가?

그처럼 엄청난 용서의 근거는 그분이 흘리시고 있는 피였다. 그 피는 그처럼 흉악한 악행을 자행하고 있는 자들을 위한 죗값이었다. 베드로 사도의 가르침을 들어보자. "너희가 알거니와 너희 조상이 물려 준 헛된 행실에서 대속함을 받은 것은 은이나 금 같이 없어질 것으로 된 것이 아니요, 오직 흠 없고 점 없는 어린 양 같은 그리스도의 보배로운 피로 된 것이니라" (벧전 1:18-19). 이 말씀에서 '대속함'은 '속량'의 뜻으로 그분의 피가 죄의 값이라는 것이다.

또 한 가지 중요한 사실은 그 죗값을 근거로 용서를 위해 기도하셨는데, 용서는 아버지의 뜻이자 당신의 뜻이었다는 것이다. 그 표현이 함축하는 것은 예수 그리스도도 죄를 용서하실 수 있는 분이라는 것이다. 실제로 그분은 하나님만이 죄를 사해

줄 수 있다고 비방하는 서기관들에게 이렇게 말씀하시면서 중풍 병자를 고치신 적이 있었다. "그러나 인자가 세상에서 죄를 사하는 권능이 있는 줄을 너희로 알게 하려 하노라" (마 9:6).

놀랍게도 그 기도의 뜻을 깨달은 사람은 그분의 오른편에 있던 강도였다. 다른 강도는 여전히 예수 그리스도를 비방하고 있었다. "달린 행악자 중 하나는 비방하여 이르되, '네가 그리스도가 아니냐? 너와 우리를 구원하라'" (눅 23:39). 이 강도는 육신과 물질을 위해 수단과 방법을 가리지 않고 살았는데, 죽음을 눈앞에 두고서도 역시 육신의 구원만이 그의 관심이었고 소원이었다. 그렇게 해서 그의 운명은 결정되었다.

오른편에 있던 강도는 예수 그리스도의 기도를 듣고, 이해하고, 깨닫고, 그리고 적극적으로 반응했다. 두 강도가 똑같이 십자가의 처형으로 죽음을 목전에 두고 있었다. 똑같은 시간에 똑같은 기도를 들었는데, 한 강도는 귀로는 들었으나 마음으로는 듣지 못했다. 반면, 다른 강도는 귀로도 듣고 마음으로도 들었다. 어떻게 듣고 반응했던지 상관없이 두 강도는 얼마 지나지 않아서 죽었다. 그러나 내세는 같지 않았는데, 하나는 음부로 또 하나는 낙원으로 각각 갔다.

3. 회개와 믿음

오른편의 강도는 즉각적으로 회개했는데, 그가 한 회개를 들어보자. "하나는 그 사람을 꾸짖어 이르되, '네가 동일한 정죄를 받고서도 하나님을 두려워하지 아니하느냐? 우리는 우리가 행한 일에 상당한 보응을 받는 것이니 이에 당연하거니와…'" (눅 23:40-41). 이 회개는 탕자의 회개와 비슷하나, 그 회개보다 훨씬 놀라운 회개이다. 탕자도 육신과 물질을 추구한 끝에 재산을 잃고 갈 곳이 없어 아버지에게 발로 걸어서 돌아왔다.

그러나 이 강도가 할 수 있는 것은 마음과 입술뿐이었다. 그의 손발은 십자가에 못 박혀서 조금도 움직일 수 없었다. 그러나 그의 마음은 그분의 기도에 감동되었고, 그 마음을 표현하기 위해 마지막 남은 자유의 수단인 입술을 열었다. 그 순간 마음과 입술이 하나가 되어 그의 잘못을 고백했다. '우리가 행한 일'로 처형받고 죽게 되었다는 것이다. 그 강도는 그의 잘못된 행위를 진솔하게 고백했다. 육신의 구원을 요구한 다른 강도와 얼마나 다른가!

그러나 이 강도의 진정한 회개는 '하나님을 두려워하다'는 말에 담겨있다. 그 말의 깊은 뜻을 위해 이스라엘 백성의 과거로 돌아가 보자. 그들은 평상시에도 하나님을 얼마나 두려워했던지 감히 *야훼*의 이름을 부르지 못했다. 그들이 그 이름을 부를 수 있는 것은 속죄일뿐이었다. 속죄일은 유대력으로 7월 10일이다. 그들은 나팔절인 7월 1일에 성전에 모여서 절기를 지켰다. 그리고 그날부터 10일 동안에는 '두려움의 나날'The Days of Awe을 보냈다.

그렇게 회개의 심정으로 10일을 보낸 후 속죄일에 과거 1년 동안 지은 죄를 가지고 성전에 모였다. 오직 그날에, 그것도 대제사장이 *야훼*의 이름을 10번 불렀는데, 부를 적마다 이스라엘 백성은 그들의 죄를 고백하며, '스스로 괴롭게 해야' 했다 (레 16:29, 31). 그날 대제사장만이 *야훼*의 이름을 부를 수 있었던 하나님을, 십자가에서 죽음을 기다리는 강도가 '하나님을 두려워하라'고 다른 강도에게 말했다. 그가 '하나님을 두려워한다'는 고백은 진정한 회개였다.

회개만으로는 구원받을 수 없기에 믿음이 따라야 했다. 예수 그리스도의 말씀대로이다: "때가 찼고 하나님의 나라가 가까이 왔으니, 회개하고 복음을 믿으라!" (막 1:15). 그 강도는 어떻게 믿었는가? 먼저, 그분에게는 죄가 없는, 그래서 완전한 분이라고 고백했다. '이 사람이 행한 것은 옳지 않은 것이 없느니라' (눅 23:41b). 이 고백은 엄청난 뜻을 함축하고 있는데, 첫째로 그분을 사형에 처하도록 유도한 대제사장, 서기관들 및 장로들이 옳지 않다는 선언이다.

둘째로 그분은 십자가에 못 박혀 죽어서는 안 된다는 말이다. 그분의 제자들은 대부분 두려워서 그곳에 오기는커녕 다 도망가버렸다. 그러나 이 강도는 예수 그리스도를 비난하는 많은 무리를 아랑곳하지 않고 그분에게 죄가 없다고 고백했다. 얼마나 엄청난 고백인가! 셋째로 죄가 없는 그분을 '예수여!'라고 부르면서 구원을 요청했는데, 그 이름의 뜻대로이다. 그 "이름을 예수라 하라; 이는 그가 자기 백성을 그들의 죄에서 구원할 자이시기” 때문이다 (마 1:21).

　그다음, 그 강도는 이렇게 믿음을 구체적으로 표현했다. “예수여, 당신의 나라에 임하실 때에 나를 기억하소서!” (눅 23:42). 그분의 몰골은 필설로 묘사할 수 없을 정도로 처절했다. 그러나 그 강도는 그런 모습 너머에 숨겨진 그분의 왕권을 본 것이다. ‘당신의 나라’라는 표현에서 그는 가시 면류관 대신에 왕관을 쓰신 주님을 본 것이며, 갈대 지팡이 대신 금 규를 쥐고 있는 주님을 본 것이다. 십자가에서 죽어가는 그분 대신 보좌에 앉으신 주님을 본 것이다.

　그 강도의 기도는 즉각적으로 응답받았다. “내가 진실로 네게 이르노니, 오늘 네가 나와 함께 낙원에 있으리라” (눅 23:43). 다른 분이 아닌 바로 ‘내가’, 곧 죄와 상관없는 ‘내가’, 이 강도와 같은 죄인들의 죗값으로 피를 흘리고 있는 ‘내가’, 그 피를 의지하여 너를 ‘나와 함께 낙원에 있으리라’고 약속하셨다. 그분의 말씀은 언제나 진실인데, 그 사실을 강조하기 위해 그분은 ‘진실로’라고까지 하면서 약속하셨다.

　그 강도가 깊이 회개하고 그분을 믿자, 예수 그리스도는 즉각적으로 응답하셨다. 그분은 내일이나 먼 훗날이 아니라 ‘오늘’ 당장에 데리고 낙원으로 가시겠다고 약속하셨다. 예수 그리스도가 죄인들의 구원을 위해 십자가에서 그처럼 처절하게 피를 흘리셨는데, 그 피를 통한 구원의 역사가 다른 곳이 아닌 바로 그 십자가 위에서 우선 이루어졌다. 그렇다! 그분의 피는 로마 법에 따라 사형을 당할 만큼 죄인인 강도도 구원하는 능력이기 때문이다.

4. 좌우편의 두 강도

악한 인간들은 예수 그리스도를 강도와 같이 흉악한 죄인으로 여기며 강도들과 함께 처형시키고 있었다. 그러나 지혜가 충만하신 하나님은 그런 인간들의 간계를 역으로 사용하셨다. 그들의 간계는 기껏해야 하나님의 예언이 성취되는 과정에 지나지 않았다. 그 예언을 인용해보자. "…그가 자기 영혼을 버려 사망에 이르게 하며 *범죄자* 중 하나로 헤아림을 받았음이니라. 그러나 그가 많은 사람의 죄를 담당하며 범죄자를 위하여 기도하였느니라" (사 53:12).

이사야 선지자의 예언 이후 대략 700년이 지나서 그분은 십자가에서 강도들과 같이 십자가에 달리실 예정인데, 그것은 자신에 대한 예언의 성취라고 이렇게 말씀하셨다. "내가 너희에게 말하노니, 기록된 바 '그는 불법자의 동류로 여김을 받았다' 한 말이 내게 이루어져야 하리니, 내게 관한 일이 이루어져 감이니라" (눅 22:37). 그 예언대로 그분은 강도처럼 취급되었으나, 그 강도를 위하여 기도하셨다. 그리고 그 기도의 응답으로 한 강도가 구원을 받았다.

그러니까 예수 그리스도가 두 강도 가운데서 십자가에 달리신 것은 하나님의 섭리였다. 외경에 의하면, 왼편의 십자가에 달린 강도는 게스타스^{Gestas}였고, 오른편에 달린 강도는 디스마스^{Dismas}였다. 그들의 영원은 그들 가운데서 피를 쏟으며 죽으신 예수 그리스도께 달려있었다. 비록 일생을 육신과 물질을 위해 살다가 인생을 그토록 비참하게 마감하겠지만, 그래도 그 인생보다 훨씬 긴 내세^{來世}는 그분의 피에 달려있었다.

그 두 강도가 짧은 인생을 끝내고 영원으로 들어간 것처럼, 인간도 마찬가지이다. 비록 많은 사람이 그 강도처럼 범죄자로 살지 않았어도, 그들의 내세는 십자가에서 죽으신 예수 그리스도께 달려있다. 그 이유는 간단하다! 모든 사람이 하나님 앞에서 죄인이기 때문이다. 강도질은 하지 않았는지 모르지만, 그래도 죄가 있다. 형제를 욕하면 지옥 불에 들어간다는 그분의 진단과 정죄에서 자유로운 사람이 있는가? (마 5:22).

인간의 죄를 낱낱이 아시는 예수 그리스도는 이런 말씀도 하셨다. "나는 너희에게 이르노니, 음욕을 품고 여자를 보는 자마다 마음에 이미 간음하였느니라" (마 5:28). 이런 진단에서 자유로운 사람이 있는가? 물론 없다! 한발 더 나아가서 바울 사도는 이렇게 말했다. '탐심은 우상 숭배니라' (골 3:5). 결국, 두 강도도 탐심 때문에 그 지경까지 이르렀다. 하나님 앞에서 탐심을 품은 적이 한 번도 없다고 강변할 수 있는 사람이 있겠는가?

5. 나오면서

　두 강도의 영원이 그들 가운데 십자가에서 죽으신 예수 그리스도께 달린 것처럼, 사람의 영원도 그분께 달려있다. 오른편의 강도가 그의 죄를 회개한 것처럼, 사람도 그가 범한 죄에 대해 아픈 마음으로 회개해야 한다. 오른편의 강도가 마지막 순간에 그분을 믿고 낙원을 약속받은 것처럼, 그분을 믿어야 한다. 그분이 십자가에서 죗값으로 흘리신 피로 죄가 씻겨야 한다. 조금이라도 죄가 남아있으면, 주님이 계신 천국으로 결단코 갈 수 없기 때문이다.